凯恩斯的金融异见

[美]贾斯廷·沃尔什 著

（Justyn Walsh）

李国团 译

INVESTING WITH KEYNES

中国科学技术出版社

·北 京·

INVESTING WITH KEYNES: HOW THE WORLD'S GREATEST ECONOMIST OVERTURNED CONVENTIONAL WISDOM AND MADE A FORTUNE ON THE STOCK MARKET by JUSTYN WALSH.

Copyright: ©2021 BY JUSTYN WALSH This edition arranged with Black Inc through BIG APPLE AGENCY, LABUAN, MALAYSIA. Simplified Chinese edition copyright: 2023 China Science and Technology Press Co., Ltd. All rights reserved.

北京市版权局著作权合同登记　图字：01-2023-1408。

图书在版编目（CIP）数据

凯恩斯的金融异见 /（美）贾斯廷·沃尔什
（Justyn Walsh）著；李国团译 . — 北京：中国科学技
术出版社，2023.7
书名原文：INVESTING WITH KEYNES
ISBN 978-7-5236-0150-1

Ⅰ.①凯… Ⅱ.①贾… ②李… Ⅲ.①凯恩斯主义—
金融学—研究 Ⅳ.① F091.348

中国国家版本馆 CIP 数据核字（2023）第 075898 号

策划编辑	李　卫		**责任编辑**	孙倩倩	
封面设计	仙境设计		**版式设计**	蚂蚁设计	
责任校对	邓雪梅		**责任印制**	李晓霖	

出　　版	中国科学技术出版社	
发　　行	中国科学技术出版社有限公司发行部	
地　　址	北京市海淀区中关村南大街 16 号	
邮　　编	100081	
发行电话	010-62173865	
传　　真	010-62173081	
网　　址	http://www.cspbooks.com.cn	

开　　本	880mm×1230mm　1/32	
字　　数	197 千字	
印　　张	10.75	
版　　次	2023 年 7 月第 1 版	
印　　次	2023 年 7 月第 1 次印刷	
印　　刷	河北鹏润印刷有限公司	
书　　号	ISBN 978-7-5236-0150-1/F·1139	
定　　价	79.00 元	

序　言

　　约翰·梅纳德·凯恩斯（John Maynard Keynes）为经济学这门沉闷枯燥的科学赋予了一种独特的魅力。他集剑桥大学的教师、布鲁姆斯伯里派（Bloomsbury Set）的核心成员、畅销书作家、世界著名芭蕾舞演员的丈夫、现代宏观经济学之父、尊贵的政府顾问、封爵的英国上议院议员以及国际货币基金组织和世界银行的促成者等多重身份于一身。他针对大萧条❶中的经济衰退做出的振奋人心的回应——"患者需要的是锻炼，而不是休息"——预示着以管控型资本主义和通过政府投资刺激经济为主要特征的凯恩斯主义时代的到来。凯恩斯提出的观点变幻莫测，几乎与他的活力、风格和智慧一样闻名于世。他津津乐道于抨击传统智慧，并将锋利尖刻的语言作为其首选武器。

---

❶　大萧条是指 1929 年至 1933 年发源于美国，后来波及整个资本主义世界的经济危机。——编者注

尽管凯恩斯贵族式地对把赚钱当成职业的人嗤之以鼻，但他本人却是一位功成名就的股市投资者。到他逝世时，他的净资产——大部分为投资活动所得，还有一部分是他明智购买的艺术品——相当于今天的 3000 万美元（1 美元 ≈ 6.88 元人民币）。在凯恩斯的掌舵之下，剑桥大学国王学院的基金总值增长了 12 倍，而同期的市场平均水平甚至连翻倍都做不到。根据当时一位记者的报道，凯恩斯在英国最古老的一家人寿保险公司担任董事长期间，他的演讲受到了伦敦金融界的高度重视，以至于他对趋势的预测会使股市产生震荡。凯恩斯是百年难遇的天才，作为一名从象牙塔中走出来的经济学家，无论是在理论上还是在实践上，他都牢牢地把控着金融市场。

尽管凯恩斯在金融市场斩获颇丰，但人们心中难免有这样的疑虑，即对凯恩斯的股市操盘技巧进行分析后，怎样才能让现代投资者获益呢？毕竟，凯恩斯出生于维多利亚时代，在许多年前就已去世，他生活在一个与我们完全不同的时代。当凯恩斯脑海中浮现出"伦敦的那个居民……在床上抿着早茶"的场景，并悠然自得地盘算着是否要"把他的财富冒险投入……世界各地的新生企业中去"的时候，他描述的很可能就是他自己。他对捕鲸公司和其他现在已经消亡的行业都进行过投资，并在杂志社编辑的指导下，写出了很长的文章，以至于让读者喝完 3 杯波特酒，才能把文章读完。在当时，凯恩斯容易被当成是时代的风云人物，那么在这个充斥着当日交易者、对冲比率和互联网公司的时代，我们对凯恩斯的投资原则进行评估后，会有收获吗？

也许让人大跌眼镜的是，答案是一个响亮清晰的"会"。最初，凯恩斯也经历过几次失败，后来偶然发现了一套戒律，让他在股市中取得了非凡的成功。在他漫长的投资生涯末期，他用他那特有的毫不谦虚的口吻宣称：

> 只要按我自己的方式行事，金融投资就会毫无例外地呈现出繁荣昌盛的景象……我在金融领域遇到的困难，一直是如何让其他人接受非正统的建议。

这些非正统的建议，在很大程度上已成为当代一些非常成功的"价值投资者"的投资理念，其中最知名的当数伯克希尔·哈撒韦公司（Berkshire Hathaway）的沃伦·巴菲特（Warren Buffett）。巴菲特指出，凯恩斯"作为身体力行的投资者所展露的才华，与他在理论思想上的卓越建树是完美契合的"，并在许多场合承认他的投资理念深受这位英国经济学家的影响。对现代读者同样重要的是，凯恩斯是用简洁流畅和随意优雅的笔触，书写他通过观察获得的点点滴滴。在这一点上，他是备受推崇的。诚如他的朋友、报业大亨比弗布鲁克勋爵（Lord Beaverbrook）所言，凯恩斯书写了"激动人心的金融文学"——这的确是一项了不起的成就。

凯恩斯在他的成名作《就业、利息和货币通论》(*The General Theory of Employment, Interest and Money*)中这样写道：

> 讲求实际的人自认为他们不受任何学理的影响，可是他们经常是某个已故经济学家的俘虏。在空中听取灵感的当权的狂人，他们的狂乱想法不过是从若干年前学术界拙劣作家的作品中提炼出来的。❶

经历了2008年的全球经济危机和近几年的新冠疫情，西方国家为竞相重启死气沉沉的经济，再次把凯恩斯的学术著作奉为主导信条。在凯恩斯主义复兴的同时，行为金融学领域也取得了积极进步，验证了经济学家对投资者心理和股市动态的观察结果。而近期的实证研究也肯定了凯恩斯享有选股专家和明星基金经理的声誉是当之无愧的。约翰·梅纳德·凯恩斯历经两次世界大战、1929年华尔街股灾和大萧条，依然能在股市立于不败之地，在我们这个变幻莫测和剧烈

---

❶ 引自高鸿业在《就业、利息和货币通论》中的译文。——译者注

波动的时代，其远见卓识比以往任何时候都更有意义。

凯恩斯的成长经历和个人哲学，对他的金钱观和逐利心态产生了深远影响。因此，如果我们要对他的投资原则做些研究的话，也必须对他人生中的一些关键里程碑有些了解。凯恩斯最亲密的朋友之一、打破偶像崇拜的传记作家利顿·斯特雷奇（Lytton Strachey），是这样评价他这一行的工作的：

> ……在投资资料的那片汪洋大海里精疲力竭地划着小船，在大海下面的各个地方放下一个小桶，把大海深处某个独特的标本捞上来，使之重见天日，然后小心翼翼、饶有兴趣地对其进行探究。

我们对凯恩斯在投资方面的探究必然是非常聚焦的——我们将把那些主要与凯恩斯的投资理念有关的"独特标本"挖掘出来。同时，在做这些调查时，我们希望至少能向读者呈现哪怕一丝凯恩斯丰富的人生阅历。斯特雷奇的隐喻可以拓展一下：我们有时需要把视线从眼前的密切关注对象，转移到广阔无垠，有时甚至波涛汹涌的海洋上。而这片海洋，正是对约翰·梅纳德·凯恩斯传奇人生的真实写照。

目录

第 **1** 章

❖

使徒社的梅纳德

✧　入世哲学家　✧

> 有人对凯恩斯勋爵留下的大笔财富惊愕不已。然而，凯恩斯勋爵是少数有能力通过实战赚钱的经济学家之一。
>
> ——《金融时报》，1946 年 9 月 30 日

1946 年 9 月，约翰·梅纳德·凯恩斯逝世 5 个月后，他的遗产被公之于众。他的净资产总计不到 48 万英镑，其中，股票和其他证券约为 40 万英镑，其余大部分是他的艺术收藏品和珍藏本，若按今天的货币计算的话，大约相当于 3000 万美元。尽管凯恩斯生前在伦敦金融界的主要机构中担任过董事，并从他出版的一些畅销书中获得了可观的版税收入，但大众对他的财富还是普遍感到惊诧。毕竟，他在逝世前担任财政部顾问的 6 年时间里，基本上是不领薪水的；他的父母比他活的时间都长，因此他也没有继承父母的遗产；凯恩斯作为一名热心的艺术赞助人，还自掏腰包资助了许多文化事业。

正如《金融时报》在其橙红色纸张上所报道的那样，凯恩斯的大部分财富的确要归功于他的赚钱技巧。然而，凯恩斯拥

有的赚钱天赋，并不仅仅局限于让自己的腰包鼓起来。剑桥大学国王学院——凯恩斯的精神家园，有时甚至是物质家园——也从他的金融智慧中受益良多。《曼彻斯特卫报》（*Manchester Guardian*）刊登的凯恩斯的讣告中，对他作如是评价：

> 作为他自己所在的剑桥大学国王学院的司库……他是功成名就的，通过大胆和非正统的方法，他让国王学院获得的捐赠资金显著增值了。

尽管外界对此知之甚少，但在某些圈子里，凯恩斯的投资专长却备受推崇。据传，剑桥大学其他学院的司库到国王学院朝圣时，凯恩斯会懒洋洋地坐在那里，帝王般地向热心的听众传授投资智慧。他的一位同事特别提到，"他在伦敦金融界的影响力和国外的声誉如此之大"，以至于他作为国民互助人寿保险公司（National Mutual Life Assurance Society）的董事长发表演讲时，市场会据此做出反应。他担任过许多投资公司的董事，在这些公司里，他以教皇法令般的坚定信念，慷慨激昂地宣讲他对股市和政府经济政策的看法。

凯恩斯展现出的在投资上工于心计、在金融市场上老谋深算的特性，如果从他早期的生活和秉承的信仰来看，是相当出人意料的。凯恩斯是一个美学家，他首先得效忠于哲学和艺术。

在学校和大学里，他对凡尘俗世毫无兴致，余生中对追求财富也怀着一种强烈的矛盾态度。他信奉弗朗西斯·培根（Francis Bacon）的箴言，即要做金钱的主人，莫做金钱的奴隶。在凯恩斯的表述中，金钱只有一个优点，那就是它能够让人保证和维持"明智、愉快和美好地生活"的条件。如同经济学本身一样，货币只是一种权宜之计，只不过是"享受生活和养家糊口的一种手段"，而赚钱只不过是一种"娱乐"方式而已。

在对凯恩斯的投资活动和技巧进行研究之前，我们有必要简要回顾一下早期生活对他一生产生的影响。尽管凯恩斯直到 35 岁左右才开始热衷于投机和投资，但他的赚钱观念，主要还是在早年形成的。

❖ 走进英雄 ❖

> 我喜欢你们起的这个名字——约翰·梅纳德·凯恩斯，听起来像是一部理智小说中货真价实的硬汉的名字。
>
> ——凯恩斯的祖父，1883 年 6 月 6 日

19 世纪末，英国当时是世界上最强大的国家——号称"世

界工厂"和著名的"日不落国"。除了偶尔发生的几起殖民地叛乱事件外，不列颠人已经有几十年没有被迫拿起武器，向真正的敌人挥刀舞枪了。19世纪50年代中期爆发了克里米亚战争，在此之前，欧洲发生的最后一次全面冲突是1815年的滑铁卢战役（the Battle of Waterloo）。在这次战役中，英国及其盟友终结了拿破仑为法国征得荣耀的企图。与20世纪发生的恐怖和疯狂战争相比，维多利亚时代是一个引人注目的和平乐土。

亚当·斯密（Adam Smith）提出的自相矛盾的学说，即自私的个人行为将转化为公德，以及后来达尔文提出的自然选择和适者生存的学说，使19世纪末的英国社会敢于接受自由贸易和实质上自由放任的政策。维多利亚女王的国家盛行着竞争和奋斗的精神。尽管诸如王尔德和萧伯纳对此不断抨击，但英国人对责任、勤劳和节俭的美德仍然深信不疑。英国人只要一想到他们带来的显而易见的优势，僵硬的上唇就会偶尔颤抖起来，然后浮现一丝自鸣得意的笑意。

约翰·梅纳德·凯恩斯降临在一个和平祥和、经济繁荣和布尔乔亚价值观盛行的世界。他于1883年6月出生在剑桥大学城，父亲是剑桥大学的经济学研究员，母亲则是剑桥大学第一批女毕业生。他的家人和朋友都叫他梅纳德，后来他的弟弟和妹妹也出生了，他们俩后来也在英国的公共生活中崭露头角。弟弟杰弗里（Geoffrey）后来成为一名杰出的外

科医生和书志学❶家，也是达尔文的孙女婿；妹妹玛格丽特
（Margaret）追随她的母亲，成为一名杰出的社会改革者，嫁
给了一名诺贝尔医学奖得主。

✧　特权男孩　✧

> 教育：由不称职的人将晦涩难懂的东西灌输给漠不关心
> 的人。
>
> ——凯恩斯曾说过这样的话

剑桥大学有条远古的法令，大学教师是不能结婚的，这
条法令直到 19 世纪 70 年代末才被废除。因此，凯恩斯是剑
桥大学第一批名副其实的后代，他在智力上大放异彩。凯恩
斯童年的时候早熟，父亲为他制定的一套严格的学习方法使
他如虎添翼，从而获得了伊顿公学（Eton College）的奖学金。
伊顿公学是英国王室和国家精英的首选学校。进入伊顿公学

---

❶　书志学（Bibliography），就是把书籍作为物化的研究对象的学问。——编
　　者注

后，凯恩斯在学术上继续保持领先优势，在 5 年的伊顿生涯中赢得了 60 多个奖项。他在社交场上也是如鱼得水，在学校的最后一年被推选为伊顿公学的级长 ❶。

即使在伊顿公学求学期间，凯恩斯也还是显露出特有的极端傲慢。一位教师对凯恩斯做出了这样的评价："我倒是希望在某些事情上多一点看到他不得志，多一点看到他的失败之处。"另一位教师觉得："（凯恩斯）给人的感觉是，他自视自己是个有特权的孩子，也许有点自负。"他曾抱怨说，某位教师讲课时"乏味无聊，让人昏昏欲睡，简直是难以言表……这一个学期我都不会因为睡眠不足而遭罪了"。他欣然接受中上阶层的偏见，对"荒谬的"贵族和"粗野的"下层阶级同样蔑视——只有"知识阶层"才得到了他的尊重，而凯恩斯家族就是其中的典型代表。

与当时的大多数当权机构一样，伊顿公学对商业事务也是嗤之以鼻的。长期以来，这所学校一直是培养王国年轻绅士的摇篮。凯恩斯后来能成为经济学家和投资者，唯一让人信服的线索是他对清单和数字极度痴迷——在伊顿公学求学期间，凯恩斯严格记录板球比分、火车时刻表、工作时间、体温变化，甚至"一些长诗的相对长度"。

---

❶ 级长是指协助管理低年级学生的高年级学生。——译者注

❖　剑桥诗篇　❖

> 富于激情的思索与交流，它的适宜主题是至爱、美和真理，生活的首要目标就是爱，就是审美经历的创造和享受，就是对知识的追求。
>
> ——凯恩斯论使徒社,《我的早期信仰》

在获得国王学院的奖学金之后，凯恩斯于 1902 年回到剑桥大学，学习数学和古典文学。他在大一的时候又故技重演，肆无忌惮地宣称："我仔细观察了这个地方，得出的结论是，这里的效率非常低下。"凯恩斯虽然是一个极有天赋的数学家，但他绝非"神童"。1905 年年底，他在获得一级学位的学生中仅排名第十二。在大学期间，凯恩斯还抽出时间培育自己的社交兴趣，并在本科最后一年担任了剑桥大学联合会主席和自由俱乐部主席。

在剑桥大学时，对凯恩斯影响最大的是一个被发起人称为"使徒社"的秘密社团。这个社团从剑桥大学有发展前景的年轻人中招募会员，福斯特、维特根斯坦和罗素都是这个社团的正式会员。乔治·爱德华·摩尔（George Edwards Moore）所著的《伦理学原理》（*Principia Ethica*）是在凯恩斯上大一的时候出版的，他在书中对使徒社的定义原则进行了完美诠释。摩尔的哲学思想是深邃的、非物质主义的和非世俗的。作为剑桥大学学者，摩尔认为：

> 我们所知道或能够想象到的最有价值的事情，是某些意识状态，可粗略地将其描述为人际交往的乐趣和对美好事物的享受。

❖ 初涉印度 ❖

> 塞西莉（Cecily），我不在的时候，你就读一下《政治经济学》（*Political Economy*）吧。关于"卢比下跌"那一章你可以忽略不看。它有点太耸人听闻了。就算这些冷冰冰的问题，也有其戏剧性的一面。
>
> ——王尔德，《不可儿戏》

从数学专业毕业后，凯恩斯最终也得面对现实生活，摆在他面前的现实问题是如何养活自己。虽然有段时间去听过阿尔弗雷德·马歇尔（Alfred Marshall）教授的讲座，但他没有太认真地考虑过攻读一个经济学第二学位的想法。马歇尔是凯恩斯家族的朋友，可能也是当时世界上最有影响力的经济学家之一。尽管马歇尔诚恳地表示，"我相信你未来的职业可能不会止步于经济学家"，但凯恩斯最终还是选择做一名政府职员。1906 年 8 月，他参加了全国文官考试❶，总成绩排名第二。颇具讽刺意味的是，他最差的科目竟然是经济学，凯恩斯对此感慨道："考官们可能比我知道得还少。"

　　凯恩斯的首选政府部门是财政部，但未能如愿，他只好于 1906 年 10 月搬到伦敦，在印度事务部❷当了一名低级别职员，成为帝国中一个微不足道的小人物。在那个"金本位制"（当时在大多数西方国家盛行的惯例，即一个国家的汇率是由其黄金储备决定的）的年代，印度不太成熟的货币体系引起了理论经济学家的极大兴趣，这可能对凯恩斯后来的职业选择也产生了影响。尽管所谓特立独行的卢比对凯恩斯很有诱惑力，但凯恩斯感到，在印度事务部工作的日子异常单调乏味。凯恩斯接手的第一项工作，竟然是诸如把 10 头种公牛运往孟买这样令人不快的任务，无疑与他在剑桥阳春白雪的生活氛围形成了鲜明的对比。

---

❶　文官考试指政府公务员考试。——编者注
❷　印度事务部指英国内阁里负责印度事务的部门。——编者注

✧ 叛逆团体 ✧

> 我们努力构建新事物；我们是建设新社会的排头兵，我们要建设的这个社会应该是自由的、理性的、文明的、追求真和美的。这一切都令人振奋不已。
>
> **——伦纳德·伍尔夫（Leonard Woolf）论布鲁姆斯伯里派**

艺术家、作家和哲学家们组成了一个松散而波动的小圈子，他们在弗吉尼亚·伍尔夫 ❶（Virginia Woolf）和她的兄弟姐妹的住所里聚集活动，抵消了凯恩斯在政府部门工作中遭遇的沉闷单调。这个小圈子就是以伦敦地区的花园广场和豪宅命名的布鲁姆斯伯里派。与此前的使徒社一样，布鲁姆斯伯里派陶醉于挫败传统虔诚和社会约束。一位后来成为那个世纪后期反文化运动的先驱，同时也是最早的布尔乔亚波希米亚人的布鲁姆斯伯里派成员后来回忆道：

我们当时处于青春期，对社会、政治、宗教、

---

❶ 弗尼吉亚·伍尔夫，英国女作家，被誉为20世纪现代主义与女性主义的先锋，代表作有《到灯塔去》《奥兰多》等。

道德、知识和艺术机构，以及我们父辈和祖辈的信仰和标准，都有意识地进行了反抗。

布鲁姆斯伯里派愿意抛弃传统的思维和行为模式，自然而然地延伸到人际关系这一领域上。布鲁姆斯伯里派成员有时甚至利用他们的艺术天赋进行不太优雅的言语攻击。伍尔夫曾经在一怒之下，将凯恩斯描述成"一只狼吞虎咽的海豹，双下巴，凸嘴唇，小眼睛，残暴，缺乏想象力"。她之所以大发雷霆，很可能也只是因为凯恩斯友善地建议她坚持创作纪实作品。

社会上比较保守的人对布鲁姆斯伯里派成员公开地持敌意态度。《三十九级台阶》（ *The Thirty-Nine Steps* ）的作者约翰·巴肯（John Buchan）是一位忠诚的维多利亚主义者，他对他们进行了猛烈抨击：

　　……由居无定所的知识分子组成的乌合之众……虽无所不晓但幻想破灭，内心猥亵……只会发表点观点，对事实却浑然不知……除了他们自己的超凡智慧，他们不认为有什么是理所当然的……

尽管他们确实表现得妄自尊大，但他们是思想和艺术表现新方式的先驱者，而且颇具讽刺意味的是，这样一群放荡不羁、极端自负的乌合之众，竟然在引领其他更伟大的艺术家和思想家进入公众视野方面发挥了重要作用。毕加索、弗洛伊德、普鲁斯特、塞尚和马蒂斯等人，主要就是通过布鲁姆斯伯里派这个渠道进入英语世界的。

❖ 失礼公仆 ❖

我鄙视我的政府工作。

——凯恩斯致邓肯·格兰特（Duncan Grant），

1917 年 12 月 15 日

由于无法忍受枯燥乏味的政府工作，凯恩斯遂于 1908 年 6 月辞去印度事务部职务，回到了剑桥大学国王学院。他在那里提交了一篇关于概率论的专题论文。据一家报纸报道，"这是一篇高深莫测的数学论文，据说地球上只有 3 个人看得懂"。1909 年 3 月，他被聘任为研究员，虽然还没有正式的学科资格，但开始在剑桥大学讲授经济学和金融学。凯恩斯成了一名娴熟的、深受学生喜爱的老师，他开设的一些讲座——特别是与股票交易有关的讲座——场场爆满。

在剑桥大学的这段时间里，凯恩斯开始在学术界和公共生活中步步高升。1911 年，他被任命为《经济学杂志》（*Economic Journal*）的编辑，这本期刊也许是当时世界领先的专业经济学期刊。不到两年后，他的第一本著作《印度的货币与金融》（*Indian Currency and Finance*）出版，凯恩斯成为皇家印度金融委员会委员——对于一个不到 30 岁的人来说，这项任命让他威名远扬。然而好景不长，在 1914 年清爽宜人的夏天，当维多利亚女王的外孙威利（Willy）和孙子乔吉（Georgie）——德意志帝国皇帝威廉二世（Wilhelm Ⅱ）和英国国王乔治五世（George Ⅴ）带领他们的国家卷入 20 世纪第一次旷日持久的大冲突（即第一次世界大战）时，凯恩斯在剑桥的田园生活就此被打破。

1914 年 8 月，第一次世界大战爆发，凯恩斯重返政府部门，这次他在财政部为英国的战争筹资提供建议。凯恩斯在布鲁姆斯伯里派认识的老熟人是激进的和平主义者，他们反对他为政府工作。有人向凯恩斯发起了这样的挑战：

> 你以为你是谁？只是一个他们在极端情况下需要的情报人员……一个被野蛮人从国王那里不小心带出来的精灵……你得忠诚地为他们残暴的政治目

的服务——最后你还得回到瓶子里。

尽管布鲁姆斯伯里派成员对凯恩斯在第一次世界大战中的角色提出了批评，但他们并不排斥利用凯恩斯在当权派中日益增加的影响力。他经常出现在法庭上，为那些不想应征入伍的男性成员提供辩护。

战争让凯恩斯感到悲伤至极。他的许多大学朋友，包括著名诗人和爱国者鲁珀特·布鲁克（Rupert Brooke），都永远长眠于他们倒下的异国战场上。凯恩斯写给以前同学的信有时会被原样退回，上面潦草地写着"阵亡"。

对自己在战争中充当的知识雇佣兵角色，凯恩斯感到沮丧和困惑，他开始发表自己的观点，这个莽撞的年轻人指责他的上级，嘲讽自鸣得意的当权者，申斥城堡里的双重间谍，把真理看得高于私利。

◆　止戈散马　◆

> 话语就应该有点狂野，因为这是思考者对不善于思考者发起的攻击。
>
> ——凯恩斯，《国家自足》

大多数人预计战争只会持续几个月，但直到 4 年之后的 1918 年 11 月才迎来了休战。英国首相戴维·劳合·乔治（David Lloyd George）在 1919 年 3 月指出，维护欧洲大陆的和平将取决于"为了获得赔款，不要让人找到恼怒的借口，不断煽动爱国主义、正义或公平竞争精神"。

尽管嘴上说得漂亮，但巴黎和会最终还是沦为了一场不体面的对战败国的拍卖会。这是一场战胜国之间的竞赛，看看谁能瓜分得最多。为了安抚国内的选民，兑现"让德国付出代价"的承诺，协约国领导人给德国强加了一个战争罪责条款——明确表示德国及其同盟国对第一次世界大战负有全部责任，同时还强加了一个赔偿条款，要求德国"赔偿对协约国及其盟国的平民及其财产造成的所有损失"。

凯恩斯作为英国代表团的经济顾问，对协约国领导人的这种行为嗤之以鼻：

他们不关心欧洲的未来生活，他们不在乎芸芸众生的生计手段。他们关心的，无论好坏，都与疆界和民族有关，与权力平衡有关，与帝国扩张有关，与削弱一个强大而危险的敌人的未来实力有关，与复仇有关，与胜利者将其难以承受的财政负担转嫁到战败者身上有关。

1919 年 6 月 5 日，在凯恩斯 36 岁生日那天，因《凡尔赛和约》已经定稿，他辞去和会代表职务，以抗议战胜国强加给战败国的"迦太基式和约"（Carthaginian peace）。

摆脱了政府部门的束缚后，他在短短几个月内，就写出了一本对巴黎和会进行讽刺性批评的著作。《和约的经济后果》（*The Economic Consequences of the Peace*）于 1919 年 12 月出版后，就立即引起了轰动——被翻译成 11 种语言，在出版后的一年内就卖出了 10 万册。该书因其对巴黎和会主要参与者的大胆描绘，以及表达的政治和经济论断而备受赞誉。凯恩斯把美国总统伍德罗·威尔逊（Woodrow Wilson）描述成"像奥德修斯一样……坐着的时候显得更加睿智"；他把法国领导人乔治·克列孟梭（Georges Clemenceau）描绘成一个仇外者，他有"一个幻念——法国；一个幻灭——人类"。为了烘托主题，他原本在书中把劳合·乔治戏称为"这个凶相毕露的吟游诗人"，在图书正式出版前，有些头脑冷静的人最终说服凯恩斯把这个描述删掉了。

凯恩斯在结论中做出了令人不安的预言，他宣称咄咄逼人的赔款条款将重新困扰欧洲：

> 如果我们一意孤行，蓄意要使中欧陷于贫困之地，我敢预言，复仇的烈焰绝不会止息。在对德战争的恐惧尚未完全散尽之前，保守势力和陷于绝望的革命力量之间，爆发最后冲突的时刻必然不会太远。到那个时候，无论胜利属于哪一方，我们这一代的文明和进步都将无法得到保全。❶

---

❶　引自李井奎在《劝说集》中的译文。——译者注

❖ 改弦易辙 ❖

> 从某种意义上说，这本书成为凯恩斯勋爵职业生涯的转折点。此后，他不再只是经济学家，而是预言家、小册子作者、新闻工作者和畅销书作家。
>
> ——《纽约时报》评论《和约的经济后果》

　　凯恩斯始终秉承坚定的"毫不妥协"的风格，由此使得他的观点两极化，这种模式在他的余生中不断重演。他被认为是亲德派，许多人因为这个拿他"开涮"——有人嘲笑他是"约翰·冯·凯恩斯先生"（Herr Johann von Keynes），还有人建议授予他德国铁十字勋章——他曾经极度地嘲笑政府，现在却被政府无情地抛弃了。《和约的经济后果》的诞生，标志着凯恩斯从一个在外交和学术界边缘活动的政府官员，转变为一个有影响力的持不同政见的公众人物。他评论道，这本书出版后，"我醒来时就像拜伦一样，既名声在外又声名狼藉"。

　　凯恩斯从财政部辞职后就一直没有工作，尽管臭名昭著，但他还是迫切需要再找一个收入来源，维持他和布鲁姆斯伯里派已经习惯的相当奢侈的生活方式。凯恩斯决定拿出真金白银，支持自己在《和约的经济后果》中提出的悲观论调。

他在外汇市场上大肆投机，他认为自己已经具备玩投机游戏的理想条件——他在剑桥大学讲过课，对金融和外汇有所了解；他在财政部工作过，对全球现实政治和资本流动的相互作用有富有远见的洞察力；他拥有一批随时为他交易活动提供支持的投资者。

此外，投机还让人看到了相对轻松地赚取大笔财富的诱人前景。与同时代的温斯顿·丘吉尔一样，凯恩斯也是懒洋洋地躺在床上，完成了大部分交易。正如他的一位传记作家所记录的那样：

> 早晨还躺在床上的时候，他就会做出一些金融决策，他的经纪人会打电话向他报告市场信息，他会阅读报纸并做出决策。

下面我们要讲述的，正是这个集美学家、局外人和慵懒投机者于一身的凯恩斯。

第 **2** 章

❖

公民凯恩斯

> ……然而，我为曾经的使徒社
>
> 引以为豪
>
> 更多的是巧妙地获取我的财富
>
> 而不是高兴地拥有……
>
> ——本·琼森（Ben Jonson），《狐坡尼》

凯恩斯是一个很有趣的人物：虽放荡不羁但皈依英国国教，虽对自由企业制度漠不关心但是资本主义的救世主。凯恩斯的观点也是变幻莫测的，这是对爱默生的箴言"令人讨厌的小人物身上有着愚蠢的一致性"的最好诠释。他是出了名的自相矛盾和反复无常。据传，丘吉尔曾说过："每当我向英国6位一流的经济学家提出一个问题时，总会得到7个答案——其中有两个答案出自凯恩斯先生。"戴维·劳合·乔治对凯恩斯在《和约的经济后果》一书中针对他的恶毒攻击仍然耿耿于怀，他抱怨说凯恩斯"像个灵巧的杂技演员一样，急匆匆地就下了结论。然后电光石火般，又得出相反的结论。这并没有让事情好转起来"。

也许，凯恩斯的这种矛盾性格在他对待金钱和追求财富的态度上体现得最为淋漓尽致。这位在《和约的经济后果》

中抨击"食利的资产阶级"将"让人享受的艺术"置于复利
之下的正义作家，仅仅在几年后，就把他的谩骂声降低了许
多。1921年，在为新一批使徒社成员做的演讲中，凯恩斯提
到了去世的一位成员，他为了生活放弃了学术，转而在商界
拼搏。凯恩斯说道，这个人的智力"远远超过了常人"。凯恩
斯大胆地认为，逝者的商业行为也许体现更多的是"艺术性，
而不是贪婪性"。他唤起了一个奇怪的混合体形象，一种诗人
富豪的类型，"混迹于世界的骚动和喧嚣中，用他的智慧，以
高昂的代价，对抗所有的人……（并且）运用了各种各样的
将诗人气质和富豪实力结合起来的天赋"。凯恩斯向大学生们
建议，可以把赚钱视作一场精彩的比赛，一盘高风险的棋局，
头脑灵活的人凭借他们的智力优势从中牟利。

从表面上看，凯恩斯是在发表对一位前使徒的告别辞，
但毫无疑问的是，他也在试图为自己进入金融和投机行业进
行辩解。凯恩斯从骨子里还是多少有点鄙视财富。他在以后
撰写的一篇论文中，提到了一个光明的未来：

> 爱财如命……的本质将被人们看清，它将被视
> 为一种令人厌恶的病态，是一种半犯罪、半病态的
> 癖好，人们会不寒而栗地把患了这种疾病的人交给
> 精神疾病专家。

　　然而，凯恩斯更务实的一面接受了一个无可争议的事实，即用陀思妥耶夫斯基的话说，金钱是"被铸造出来的自由"，没钱人的"生活的享受和现实"就被金钱剥夺了。

　　从这两个相互矛盾的洞察力中，他发明了一个典型的凯恩斯主义折中：凯恩斯将一头扎进金融界，但不会因为赚钱而无法自拔。赚钱依然只是为了娱乐，是一种达到目的的手段，是一种支持他参与更有冒险价值项目的方式。当然，如果他能以牺牲那些视财如命的人的利益为代价来赢得胜利，那就更好了。

❖ 卖空买空 ❖

> 　　（投机是）我的娱乐方式，这样在乡村生活就不会单调乏味了。
>
> ——凯恩斯致母亲，1919 年 9 月 3 日

　　1919 年之前，凯恩斯只是断断续续地对金融市场表现出兴趣。他有据可查的第一笔投资是在 1905 年，当时他 22 岁，用他由压岁钱和学术奖金构成的"特别基金"，购买了一家保

险公司的股票，后来又购买了一家工程公司的股票。他的知己克莱夫·贝尔（Clive Bell）大胆猜测，凯恩斯直到1914年年初才真正对金融市场产生了兴趣：

> 梅纳德在剑桥和伦敦初期的时候，对"股市交易"几乎不屑一顾，他厌倦了阅读《泰晤士报》的板球比分，于是在喝早茶的时候，开始研究起股票价格。

1919年之前，凯恩斯零星进行了几次投资，但他投资组合——主要投资普通股票——的市值一直在稳步增长。到1918年年底，他的证券市值达9428英镑，若按今天的货币计算的话，约为62.5万美元。

1919年8月，凯恩斯在修订《和约的经济后果》草稿的间隙，才开始认真地进行投机。他把投机活动主要放在货币市场，那时的汇率摆脱了战前"金本位制"的禁锢，经常会发生剧烈的波动。事实证明，他的投机策略是极为成功的。凯恩斯用了短短5个月的时间，就赚取了6000多英镑，大约相当于今天的37.5万美元。受此鼓舞，凯恩斯在给母亲的信中这样写道：

> 货币真是有趣……只需具备一点专业知识和经

验，它就滚滚而来（绝对有悖常理）。

凯恩斯初战告捷，使他萌生了一个更加宏伟的计划。他与以前财政部的同事奥斯瓦尔德·福尔克（Oswald Falk）合作，成立了一家对货币市场进行投机的辛迪加（syndicate）。"狡猾"的福尔克是一家刻意取名为巴克马斯特和穆尔（Buckmaster and Moore）❶证券经纪公司的合伙人，他和凯恩斯一样，是一个具有坚定观点的魅力人物。伦敦金融界和福尔克相熟的一个人回忆起他时，对他这样评价：

> ……不会照拂任何私人客户，除非有人全权委托，让他想怎么做就怎么做。可怜的受害者要么在市场上大赚一笔，要么就输个精光。

尽管凯恩斯预计他的金融投机"会让父亲感到震惊"，但这项事业还是得到了家人和朋友的热情支持，并很快筹集到了 3 万英镑的资金。

1920 年 1 月，凯恩斯和福尔克开始实施他们的交易计划。福尔克认为货币市场缺乏流动性，不久便从辛迪加中退出。

---

❶ Buckmaster and Moore 的寓意为赚钱高手。——译者注

相反，凯恩斯坚持了下来，并在运营 3 个月后就赚了 9000 英镑。天有不测风云，到 5 月的时候，市场走势风云突变，开始变得对辛迪加不利，辛迪加的损失不断扩大。到年中的时候，凯恩斯记录道，我们亲眼看见了合伙企业"持有的大部分头寸被市场杀得血流成河"。面对这一切，凯恩斯坦然处之。他向布鲁姆斯伯里派的瓦妮莎·贝尔（Vanessa Bell）倾诉道："这段日子真让人厌烦，好在我始终处变不惊。"他的父母似乎也欣然接受了亏损。

凯恩斯毫不畏惧，重整旗鼓。他变卖了个人股票投资组合中的证券，从《和约的经济后果》一书的出版商那里拿到了一笔预付稿酬，并从国王爱德华的私人银行家欧内斯特·卡斯尔（Ernest Cassel）爵士那里争取到了 5000 英镑的贷款。在写给卡斯尔的信中，尽管凯恩斯表示已经"彻底耗尽了我的资源"，但他认为外汇市场提供了"一个无与伦比的投机机会"，并预计卡斯尔"如果准备忍受也许几个月的大幅波动，将极有可能获得非常可观的利润"。正如凯恩斯所料，在 1920 年年底，他还清了卡斯尔的贷款。到 1922 年 12 月，他已经清偿了辛迪加的所有债务，净资产高达 2.1 万英镑，大约相当于今天的 150 万美元。

❖ 郎才女貌 ❖

> 至于洛皮（Loppi）❶，别娶她。飞到印度避避风头吧。
>
> ——瓦妮莎·贝尔致凯恩斯，1922 年 1 月 1 日

然而，作为伦敦金融界人士，凯恩斯的职业生涯并不仅仅局限于剧烈动荡的货币市场。与他英国国教的身份相适应，他履行了他的绅士使命，在许多保险和投资公司担任董事。1919 年 9 月，凯恩斯在国民互助人寿保险公司获得了第一个董事职务。20 世纪 20 年代初，他又相继担任了伦敦各种金融公司的董事。在伦敦金融界之外，凯恩斯于 1919 年末被任命为国王学院的第二司库，5 年后继任第一司库，即学院的首席财务官。

1925 年，让布鲁姆斯伯里派成员难以置信的是，凯恩斯这个曾经坚定的独身主义者，竟然与苏联首席芭蕾舞演员莉迪娅·洛波科娃（Lydia Lopokova）结了婚，这也使他与主流社会的关系进一步得到缓和。这场婚姻成为国际头条新闻，凯恩斯——尽管在《和约的经济后果》出版后如日中天——

---

❶ 即下文提到的洛波科娃。——编者注

在他有异国情调的新娘面前，也只能退居次位。在他们结婚的那一天，圣潘克拉斯（St. Pancras）登记处门外挤满了记者，他们要记录这场名人婚礼——凯恩斯身材瘦长，有些驼背，身着深色西装，看起来异常窘迫，而身材娇小的莉迪娅则以专业人员的熟练自如，向一大批摄影师展示自己的形象。

❖ 相信黄金 ❖

> 事实上，金本位制已经是一个野蛮的遗物。
>
> ——凯恩斯，《货币改革论》

凯恩斯在婚后远离了喧嚣骚动的货币市场，开始转战稍微文明的股票市场。凯恩斯从货币投机市场撤离，主要是由于时任英国财政大臣丘吉尔决定在 1925 年将英镑恢复为金本位制。将英镑与一个固定基准挂钩后，从根本上减少了货币市场的相对价格变动，从而减少了投机者的获利机会。凯恩斯极力反对这一举措，当然也不仅仅是因为它剥夺了他的生计。

1925 年 8 月，也就是凯恩斯与莉迪娅结婚的那个月，他在出版的《丘吉尔先生的经济后果》（*The Economic Consequences of Mr. Churchill*）中断言，财政大臣"被传统金融界的喧嚣之声淹没了……并且……被专家们严重误导"，他们建议将英镑恢复到第一次世界大战前对美元的汇率水平。凯恩斯认为，这些所谓的"专家"不愿意承认在第一次世界大战开战后 10 年左右的时间里，英镑实际上已经走弱的事实。他辩称，他们坚持维持强势货币——有人猜想，部分动机是模糊的、不合时宜的民族自豪感——将使许多英国产品出口受阻，导致失业率上升，使早已脆弱的经济雪上加霜。尽管凯恩斯对此强烈反对，但他的这番长篇大论基本上没人理会。在给《泰晤士报》的一封信中，他凄凉地写道："与伦敦金融界的编辑辩论货币改革……就像 60 年前与主教辩论达尔文主义一样。"

❖　复利机器　❖

> ……金钱具有增值的性质。
>
> 钱能生钱，生出的钱还能生出更多的钱……
>
> **——本杰明·富兰克林，《给一位年轻商人的建议》**

非常巧合的是，几乎是在有人诱导英国重返金本位制的同一时间——这样做的结果是，货币交易机会减少——凯恩斯无意中看到了一本关于股票的"有趣的小书"。埃德加·劳伦斯·史密斯（Edgar Lawrence Smith）在他所著的《用普通股进行长期投资》（*Common Stocks as Long-Term Investments*）一书中，分析了1866—1922年美国普通股和债券的相对表现。史密斯最初的假设是，通货膨胀时，普通股投资收益将超过债券投资收益，但在通货紧缩时，债券投资收益将超过普通股投资收益。这是一个非常合理的假设：企业通常能够通过提高价格来抵消成本，进而对冲通货膨胀。即使在价格持续上涨的环境中，债券的票息仍然是固定不变的。

到20世纪20年代初，股票的"抵御通货膨胀"功能充其量只是学术的边角料。许多欧洲大陆国家由于受到第一次世界大战的摧残，局势很不稳定，还在千方百计地履行赔款义务，他们遭受了令人难以置信的通货膨胀。举个最极端的例子，德国政府由于疯狂地印刷货币，以至于恶性通货膨胀席卷全国：1922年，一块面包的售价还不到200马克，到1923年11月时已飙升至2000亿马克。顾客带着满满一车现金到商店购物，离开时却只能买走少得可怜的几件物品，这是对传统消费体验的极大颠覆。在这种环境下，债券和银行存款的价值被破坏了，因为无论它们的购买力如何受到削弱，都只能得到固定的票息和利息。

尽管股票作为对冲通货膨胀的价值在 20 世纪 20 年代中期已被人们所理解，但公认智慧也始终坚持这一发现的假设反面——通货紧缩时，债券表现应该超过股票。然而，史密斯对股票和债券相对优点的研究结果，却出乎所有人的意料。史密斯发现，在绝大多数情况下，普通股的表现不仅在通货膨胀时超过债券，而且在通货紧缩时也超过了债券。

史密斯将这一结果归因于许多因素，其中最重要的因素是普通股中内在的"复利"效应。正如凯恩斯在对史密斯的书进行评论时所总结的那样：

> 管理良好的工业公司通常不会将其赚取的全部利润分配给股东。他们至少会在效益好的年份，保留一部分利润并将其投入企业中。因此，有一个有利于健全的工业投资的复利因素，在其中发挥着作用。在几年内，除了支付给股东的红利外，一个健全的工业公司财产的实际价值也在以复利的方式增长。因此……从长远来看，股票指数的收益要比其初始的名义利率高。

史密斯简单而精辟的观察——股票实际上是"复利机器"，不仅提供红利，而且通过未分配利润的再投资实现资本增长

——成为 20 世纪 20 年代中期兴起"普通股崇拜"的一个关键因素。

∵ 股票狂热 ∵

（普通股）代表了当今活生生的大规模商业和投资世界，任何对普通股视而不见，或不具备投资普通股条件的投资机构，无异于生活在一个与世隔绝的世界中。

——凯恩斯在国民互助人寿保险公司年会上的发言，

1928 年 1 月 25 日

在"复利令人炫目的优点"的诱惑下，凯恩斯成为普通股崇拜的主要传道者。他在书评中、股东大会上、给他的投资伙伴的备忘录中为股票歌功颂德。尽管凯恩斯具有相当惊人的说服力——根据史密斯的研究结果，普通股已被指定为合法的投资工具——但要说服投资公司董事会和大学基金投资股票却并非易事。当时的大多数金融机构认为，股票——根据公司的潜在利润来支付可变股息——的风险远远高于债券收益和房产租金，因为它们是很容易预测的。至少在 20 世纪的前 25 年，绅士们最青睐的无疑是债券。

凯恩斯毫不气馁，凭着初生牛犊不怕虎的热忱，不断地威逼他的同事，最终取得了成功。早在 1926 年的时候，国民互助人寿保险公司在普通股上的资金比例是英国其他人寿保险公司股票平均持有量的 3 倍以上。同样，在凯恩斯的持续游说下，国王学院"切斯特基金"（Chest Fund）——一个由凯恩斯全权管理的捐赠基金——的投资范围从以传统的房地产和固定收益证券为主扩大到股票投资。凯恩斯发起的扩大"切斯特基金"投资范围的战役，不仅是与学院托管人固有的保守主义进行抗争，而且也是与禁止特定投资的死板规则进行抗争。事实上，当时有一种校园阴谋论认为，凯恩斯之所以坚决反对国王学院任命一名法律教师，是因为他担心在专家的监督下，"切斯特基金"违反大学规章制度中某些禁止股票投资规定的行为会被人发现。

❖ 向往纽约 ❖

不幸的是，对凯恩斯这位初出茅庐的投资经理来说，英国股票当时的投资前景极不乐观——在 1920 年的短暂繁荣之后，英国步入了漫长的经济寒冬。为了战胜德国及其同盟国，英国付出了惨重的代价。第一次世界大战时，英国损失了约四分之一的海外资产——其中大部分被抵押给了美国以换取英国急需的战时物资——并将其世界最大债权国的地位让给了其前殖民地美国。促进英国工业生产的举措——即使到了1925 年，仍然远远低于战前水平——受到了重新引入的金本位制的阻碍（凯恩斯将其戏称为"黄金枷锁"）。在 20 世纪20 年代，大约十分之一的劳动力失业，英国经济停滞不前。在这 10 年时间里，股票市场也萎靡不振。

与英国的状况截然相反的是，用凯恩斯说的话就是，"繁荣的高潮"席卷了美国的海岸。由于国际金本位制早已摇摇欲坠，美联储被逼无奈，只得降低了美国的利率。在这种廉价货币的助推下，这个当时世界上最富有的国家开始了 F. 斯科特·菲茨杰拉德❶（F. Scott Fitzgerald）后来描述的"历史上最昂贵的狂欢"。似乎要与万有引力和常识原则作对一样，代表投资者信心的道琼斯指数在 20 世纪 20 年代的最后几年里，呈现出几乎直线攀升的走势。在 1929 年 9 月之前的 18 个月里，华尔街股市的涨幅甚至超过了此前 5 年的涨幅。在此期

---

❶ F. 斯科特·菲茨杰拉德，美国作家，代表作为《了不起的盖茨比》。——编者注

间，美国无线电公司等市场宠儿的股价翻了一番后，接着又翻了一番。

　　尽管凯恩斯对美国怀着矛盾的心情——他曾评论说"我总是把（对美国的）访问看作是得了一场重病，然后就得疗养"，但他对华尔街的热情是真诚的。与欧洲国家中的许多人一样，凯恩斯充满渴望地望向大西洋彼岸，憧憬着纽约明亮的灯光和浑身散发出的活力。电信服务的问世使海外投资成为可能，而繁荣的华尔街就自然而然地成为欧洲投机资本的目的地。尽管凯恩斯在 20 世纪 20 年代的美元投资在他个人投资组合中只占很小一部分，但他的一些投资公司却对美国证券进行了大量投资，结果他变成美国证券交易的狂热观察者。正是在 20 世纪 20 年代末热火朝天的华尔街，凯恩斯遭遇了投资者的极端心理，并觉察到了股市的本性。

第 **3** 章

❖

叫停、传物和占位

❖ 蓝天白云 ❖

> ……开心至极时，轻信他人时。
>
> ——沃尔特·白哲特（Walter Bagehot），《伦巴第街》

美国总统卡尔文·柯立芝（Calvin Coolidge）是出了名的少言寡语。有人说，由于他很少说话，以至于他一张嘴，就会有一只飞蛾从他嘴巴飞出来。一位女客人在晚餐时间与人打赌，说她能使总统在用餐期间至少说 3 个单词。当她把这个赌注告诉柯立芝时，他简单地回复说"你输了"（You lose）。然而，1928 年 12 月，在他作为总统所做的最后一次讲话中，"沉默的卡尔（Cal）"变成了罕见的演说家。他不无自豪地夸口说道：

在调查联邦的状况时，美国历届国会从未遇到过比现在更令人高兴的前景……国家可以满意地看待现在，乐观地展望未来。

在 1928 年年底，柯立芝总统对美国经济状况流露出的某种自鸣得意似乎是合乎情理的。当时，美国在战争中练就的大规模生产技术，已被应用于民用领域，收音机、汽车和无数的家用电器从美国的装配线上源源不断地生产出来。美国变成了一个消费者的国家。广告和宽松的信贷，诱使美国人接受物质主义。

爵士乐时代诞生了，那是逐利和轻浮、派对和禁酒令共存的奇怪组合。仿佛整个国家都被生产线不间断的节奏刺激着。在这种热衷于获取和消费的环境中，股市进入全民狂欢时代。正如 1929 年一位英国游客记录的那样：

> 你可以谈禁酒令、海明威、空调、音乐或赛马等话题，但最后你肯定会谈到股市，这时谈话才会变得认真起来。

旅馆服务员和擦鞋的男孩在传授股市秘诀，股票经纪人在远洋轮船上开设办公室，以便横跨大西洋的乘客也能享受到华尔街的"赏金"。在投资者亢奋情绪的推动下，道琼斯指数在短短几年内就翻了一番。

一些评论员注意到全球体系因战时债务而失衡，国内经济因宽松的货币而狂热，他们摇着头，预测在"兴旺的 20 年代"之后，会发生一次严重的金融危机。不过，基本上没有人理会这些不吉祥的预言。华尔街专家引用了禁酒令对工人劳动生产率的促进作用和美联储的稳定影响等因素，来支持他们股票价格基本合理的观点。然而，也许对灾难预言者最有力的反驳，是美国人最重要的特质——对民主进程的信仰的解释。普林斯顿大学教授约瑟夫·斯塔格·劳伦斯（Joseph Stagg Lawrence）对这一论点进行了最好总结，他在 1929 年夏末发出了这样的诘问：

> ……数百万参与者对估值的一致看法影响着证券交易所这个美妙的市场，大家一致认为目前股票没有被高估。那群全知全能的人在哪里？他们有权否决群体智慧的判断吗？

◇　集体心理　◇

> 如果每个人的想法都一样，那么有人并没有思考。
> ——巴顿将军

基于对"群体智慧"的敬畏，劳伦斯教授指出，证券交易所——用劳伦斯教授的话说，是"数百万参与者的一致看法"的聚会场所——纳入了所有可能影响股票价格的公共信息，利用了投资大众这一庞大的资源。有效市场假说的创始人尤金·法马（Eugene Fama）用以下术语进行解释：

> 在一个有效的市场中，许多聪明的参与者之间的竞争导致出现了这样一种情况：在任何时间点上，单个证券的实际价格已经反映了基于已经发生的事件以及目前市场预期在未来发生的事件的信息的影响。

有相当多的经验证据支持劳伦斯教授和法马教授提出的"群体智慧"这一概念——群体做出的决策要优于个体的决策之和。简单地说，我们有个所谓的"谁想成为百万富翁中杰出的人"的节目，演播室的观众花了约90%的时间就做出了正确回答，表现远远超过被邀专家。其他例子——预测选举结果，甚至猜测罐子里的糖豆数量——都证实群体要比其中的大多数成员聪明得多。在合适的环境下，决策过程会考虑群体中每个成员的独特意见、知识和观点，在观点的碰撞和激烈交锋中找到最优解。

然而，聪明的群体行为只有在允许意见独立性和多样性的地方才会得到蓬勃发展。正如詹姆斯·索诺维尔基（James

Surowiecki）在《群体的智慧》（*The Wisdom of Crowds*）中所解释的那样：

> 独立性对智慧决策很重要，原因有两点。第一，它使人们所犯的错误不会相互关联起来。只要这些错误不是系统地指向同一个方向，个人判断的错误就不会断送群体的集体判断……第二，独立的个体更有可能获得新信息，而非大家司空见惯的老数据。

自相矛盾的是，只有当参与者表现得好像他们不是群体的一部分时，群体智慧才会体现出来。

✧ 物有所值 ✧

> 食人族的上帝是食人者，商人的上帝是商人。
>
> ——拉尔夫·沃尔多·爱默生（Ralph Waldo Emerson），
>
> 《生活的准则》

当群体利用不同的知识集合可以独立地做出个人判断并

有一个机制将这些判断渗进集体预测或决定时，我们才能把群体智慧发挥到极致。互联网——一个基本不受现实世界复杂情况约束，由知识化的原子式个体组成的集合体，也是我们最接近"完美市场"这一古典经济学理想模型的东西——也许最能说明群体智慧的力量。例如，谷歌公司利用数百万互联网用户的决定，来找出与特定搜索标准最相关的网页。它通过深奥的算法，将从一个网页到另一个网页的链接解释为对该网页的"投票"，这些"投票"经过加权，使访问量最大的网页比鲜为人知的网站具有更大的影响力。谷歌公司从群体智慧中提炼出一个不可思议的有效搜索工具。

同样，股票交易也吸收了成千上万个体的各种观点，这些个体都可以通过买入或卖出股票来进行"投票"。从理论上讲，股市应该是一个能够有效行使集体智慧的场所：它包含了许多独立行动者的决定，每个人都受到经济回报机会的激励，并迅速和透明地汇总这些判断。对某个证券价格进行"投票"的股东，将把他们不同的观点带到这个过程中——包括替代的信息来源、不同的时间跨度和迥异的投资风格。有效市场假说的支持者认为，在这个观点激烈交锋的斗争场所上产生的股票价格体现了某个特定股票的所有公开信息，并对其进行了适当的加权。

有效市场假说的一个推论是，想要战胜市场是徒劳无益的。正如诺贝尔奖获得者保罗·萨缪尔森（Paul Samuelson）

所解释的那样，有效市场假说告诉我们，股票交易中既不存在未被发现的便宜货，也没有估价过高的"定时炸弹"：

> 如果聪明人不断地四处寻找物超所值的股票，卖出那些他们认为即将高估的股票，买入那些他们认为现在被低估的股票，那么聪明投资者的这种行为的结果是，现有股价已经体现了对其未来前景的折价。因此，对于被动投资者来说，由于他自己不寻找被低估和被高估的股票，就会出现这样一种股价模式，即一只股票和另一只股票几乎一样物超所值或物非所值。对那个被动投资者来说，靠运气本身就不失为和其他方式一样好的选股方法。

❖ 鹤立鸡群 ❖

正如弓和琴一样，在对立的张力中存在着和谐。

——赫拉克利特

尽管有效市场假说做出了最大的努力——简言之，它假设所有的经济行为者都是高贵物种，即超理性的、知识渊博的理性经济人——但一个无可争议的事实是，有些个体还远远达不到理论的严格标准。在任何股市中，总有一部分参与者愿意跟随其他投资者。也许他们想要依靠有效市场假说，这样就用不着自己去分析了。不过，一个将非理性的、无知的或只是特别懒惰的人包括在内的市场仍然是有效的——只要有足够多的成熟投资者来控制由不太精明的投资者造成的定价异常就行。

英国财政部的一位官员曾经回忆道，凯恩斯"接受了其他人对他的描述，即他是'被放入罗马鲤鱼池中的梭鱼'"。在政府部门内，凯恩斯把自己看成是一种魔鬼的代言人，鞭策同事们快速行动，抨击所有自满情绪。有效市场假说设定了一种类似的场景。尽管市场上可能确实有头脑迟钝、心不在焉的投资者，但该理论断言，由他们的缺点造成的失常，将被更成熟、更灵活的投资者所利用。更有效率的掠夺者竞相抬高被低估的股票价格，并且抛售被高估的股票，从而维持市场的健康。

因此，有效市场假说并不要求所有的市场参与者都是经典理论中经过精细校准的计算机器，只是要求有足够数量的有眼光的投资者存在，以抵消不太成熟的投资者的行为。换言之，在任何特定的市场中，必须有足够多的投资者——他们不考虑有效市场假说的影响——相信事实上有便宜可占。正是这些有鉴别能力的投资者确保了市场的效率——他们是永远保持警惕的梭鱼，保证了池塘的整体健康。

❖ 人多势众 ❖

> 一犬吠形，百犬吠声。
>
> ——中国东汉思想家王符,《潜夫论》

不幸的是，对有效市场假说的支持者来说，个体经常将其独立性抛在脑后，随波逐流。人毕竟是一种群居动物，只要有可能，就会依赖同伴发出的暗示。顺应人群的倾向很可能是与生俱来的：一个穴居人看到一群人从他身边冲过，他们的脸因恐惧而变得扭曲时，如果他不跟着大家一起狂奔，他的基因就不太可能传给后人。随波逐流是一种原始反应，特别是身处恐慌或不确定的环境中。即使在一些比较稳定的环境中，个人也会经常跟着大多数人一起行动。

"社会认同"——相信如果很多人以特定的方式行事，他们就一定有一个充分的理由——是一个公认的心理现象。例如，在 20 世纪 50 年代进行的阿希从众实验（Asch conformity experiments）中，实验者让一群学生判断几条线的相对长度。问题是，除了一个学生以外，其他学生都是"知情者"，实验者要求"知情者"做出明显不正确的回答。尽管对他们的回答明显感到不舒服，但大约三分之一的测试对象遵从了错误的观点——他们认为大多数人根本不可能出错。

在此情形下，群体智慧沦为"群体思维"——群体中每个成员都遵从感知到的共识。股市中特别容易出现这种随大流的倾向。在"新经济"产业这个未知的应许之地，非常明显地掀起了一股潮流：19 世纪 40 年代的铁路，20 世纪 20 年代的无线电，以及 20 世纪 60 年代的晶体管。当一项技术在商业上还未经证实，或者还没有轻易得到大多数投资大众的理解时，投资者从那些似乎知情的人那里得到了提示。20 世纪最后的投机热潮——20 世纪 90 年代的互联网公司崩溃——集齐了产生泡沫的三位一体因素：新兴技术、新的商业机会，以及群体思维在聊天室中自我传播的手段，在那里志同道合的人可以毫无顾忌地进行谈论。在当日交易者将"新经济"的股价哄抬到不可持续的水平时，互联网泡沫依托互联网本身越吹越大。

❖ 羊群效应 ❖

> 当 100 个人站在一起时，每个人都会失去自己原来的
> 主见，产生一个新主见。
>
> ——尼采

　　凯恩斯观察到，人们也渴望"一夜暴富"。模仿和嫉妒是
强大的兴奋剂，与他人攀比的欲望往往助长了羊群效应。经
济学家查尔斯·金德尔伯格（Charles Kindleberger）不无讽刺
地指出，"没有什么比看到朋友富起来更能干扰一个人的幸福
感和判断的了"，而通过股票交易就能轻松赚钱的预期，无疑
将鼓励其他人冒险出手。事实上，在经济繁荣时期，投资界
中比较谨慎的人经常因缺乏创业热情而遭受众人的严厉批评。
一位观察者对19世纪40年代英国铁路股票触发的"投机旋涡"
评论道：

　　　　少数冷静的人没有受到当时投机活动的影响，
　　在很多情况下，他们甚至被指责为对自己的家庭不
　　公平。因为当财富宝库从四面八方涌来时，他们没
　　有打开宝库去取钱。

然而，对于股市容易受到"信息瀑布"（informational cascades）的影响，最令人信服的解释是，在某些情况下，羊群效应似乎是一种理性的策略——至少在短期内是这样。股价出现上涨趋势时，会鼓励其他人购买股票，这反过来又巩固了股价的上升趋势。经济学家约翰·肯尼思·加尔布雷斯（John Kenneth Galbraith）在他的《金融狂热简史》（*A Short History of Financial Euphoria*）一书中，概述了这些"正反馈循环"的机制：

> 某种人工制品或某种发展项目，似乎非常新奇、令人向往……抓住了金融界的心……炒作对象的价格开始攀升……这种上涨前景吸引了新的买家，新买家保证了进一步的上涨。更多的人被吸引，更多的人购买，上涨继续。这种建立在自身基础上的投机行为，为其自身提供了动力。

在循环往复中，价格上涨导致价格进一步上涨。股市参与者不再根据自己的判断对某只股票进行估值，而是把市场趋势作为他们的交易指南。

❖ 暴民统治（有时）❖

> 他们说我疯了，我说他们疯了，该死的是，他们投票否决了我。
>
> ——纳撒尼尔·李（Nathaniel Lee），复辟剧作家

那么，金融交易特别容易出现"信息瀑布"——此刻市场的极性发生了变化，投机者把更多的理性因素抛在脑后。市场到了枢轴点（pivot point），群体智慧变成不理智的乌合之众，或者，用凯恩斯的隐喻来说，受训的鲤鱼打败了弱肉强食的梭鱼。当"明智的投资"被那些争先恐后地追随潮流的人淹没时，这个群体就不再是聪明的了，市场也就失去了对效率的任何要求。

用奥斯卡·王尔德的话说，投机者是一个只知所有东西的价格而不知其价值的人。投机者关心的不是独立评估某只股票的价值，而是预测市场的未来走势，试图在卖出所持股票时获利。凯恩斯完美地捕捉到了投机者的这种思维模式：

……事实上，大多数投机者主要关心的不是对

一项投资在其整个生命周期中的可能收益做出很好的长期预测，而是比公众提前一点预见这笔投资在传统估值基础中的变化。他们关心的不是一项投资对一个为"持有"而买入的人来说到底值多少钱，而是在大众心理的影响下，3个月或1年后市场对其估值是多少。

这就是"博傻"的交易策略——正如凯恩斯所指出的，投机者的目标是"智取众人，把坏的或贬值的半克朗传给另一个人"。

❖ 击鼓传花 ❖

> 在薄冰上滑冰时，安全取决于速度。
>
> ——拉尔夫·沃尔多·爱默生，《慎重》

投机者走在钢丝上，既要在市场上停留足够长的时间使交易利得最优化，又不能时间太长，以至于个人被卷入熊市的崩盘中。凯恩斯把在一个受投机驱动的交易所进行的交易比喻为：

　　……一种"击鼓传花"的游戏，一种"传物"的游戏，一种"占位"的游戏——一种消遣。在这种消遣中，谁能不早不晚地"叫停"，谁能在游戏结束前把东西传给邻近者，谁能在音乐停止时为自己占到座位，谁就是胜利者。这些游戏可以玩得很开心，尽管大家都知道，有个东西一直在传来传去，但当音乐停止时，总会有人占不到座位。

　　因此，投机者的关键任务是正确把握买入和卖出证券的时机。基于这一信念，凯恩斯在其投资生涯早期，认为要想在股市上取得成功，只需预见别人的预见就可以了。他在 20 世纪 20 年代末所著的《货币论》（*A Treatise on Money*）中，对这一策略背后的原理进行了阐述：

　　……最聪明的（股市参与者）往往可以通过预测大众心理而不是事件的真实趋势来获利，并模仿非理性的预期（即预测）……因此，他们可以依靠大众以某种方式行事，即使他们是被误导的，以同样的方式行事对信息更灵通的专业人士来说也是有利的——只需提前一段时间就行。

凯恩斯在 20 世纪 20 年代的主要股市交易策略——他将其命名为"信贷循环投资"（credit cycle investing）——忠实地反映了典型投机者的适时进出投资法（market-timing approach）。信贷循环是书中最古老的股市格言的应用：低买高卖。正如凯恩斯多年后解释的那样，普通股票的信贷循环"实际上意味着在市场下跌时卖出市场领导者，在市场上涨时再买入他们"。这是一种"自上而下"的股市投资方法，涉及"在交易周期的不同阶段，从整体上卖出和买入普通股票的常规系统运动"。这种方法——有时被冠以"动量投资"或"预期交易"等听起来更加科学的称谓，以抬高其身价——依赖于投机者对市场转折和相应交易时间的判断能力。对于"信贷循环者"来说，价格动量是基本的交易驱动力，而非对一只股票相对于其价格的内在价值估值。

这种投资方法要求个人预测像"大众心理"这样易变和变幻莫测的事物。正如凯恩斯后来发现的那样，这样做可并非易事。他把这项任务比作：

……在那些报纸上的选美比赛中，参赛者必须从 100 张照片中挑选出最漂亮的 6 张，最接近全体参赛者平均偏好的参赛者就是获奖者。因此，每个参赛者必须挑选的并不是他自己认为最漂亮的人，

而是他认为最有可能让其他参赛者喜欢的人，所有
人都从同一个角度看待问题。这不是选择那些根据
自己的判断真正最漂亮的人，甚至也不是选择那些
大众认为最漂亮的人。我们已经达到了第三个推测
的层次，我们把我们的智慧用于预测"平均意见"。
我相信，还有一些人在实践第四、第五和更高的
层次。

动量投资者在一个"爱丽丝梦游仙境"的猜测世界中运
作——在一个疯狂的、反射性的镜子大厅，个人投资者试图
揣摩"平均意见"。

❖ 骑上牛市 ❖

> 当股价上涨时，叫作"动量投资"；当股价下跌时，叫
> 作"恐慌"。
>
> ——保罗·克鲁格曼（Paul Krugman），《纽约时报》

凭借强大的自信，凯恩斯相信自己拥有必要的远见、技

巧和敏捷，可以在市场情绪的变幻中游刃有余。他曾对他大学时候的朋友利顿·斯特雷奇吹嘘道：

> 我想管理一条铁路线或成立一个信托基金。掌握这些事情的原理是如此简单和令人着迷。

凯恩斯认为，他将成功地驾驭投资周期——巧妙地挑选市场的高峰和低谷，预测由个人组成的投资大众（被抽象地称为"市场"）的热情和恐惧。

凯恩斯对自己的能力深信不疑，这也是 20 世纪 20 年代末那些令人陶醉的日子里许多人共有的特征。整个华尔街弥漫着极度兴奋的投资者浪潮，虽然股票交易蓬勃发展，但动量投资是一种几乎人人都可以成为赢家的游戏——正如华尔街的古老格言提醒我们，水涨船高。尽管一些怀疑论者在 1929 年夏天清空了所持的股票，但其他大多数人——不愿意成为第一个离开派对的人——保持着他们的投资组合，期待着在未来获取更多的收益。

纽约国家城市银行（National City Bank of New York）董事长、著名的市场看涨人士查尔斯·米切尔（Charles Mitchell），是当时极为乐观人士的典型代表。他在 1929 年 9 月断言，市场"像一个风向标，指向繁荣的风暴"。对凯恩斯和其他数百万人来说不幸的是，米切尔的气象学隐喻只说对了一半。与其说是繁荣的风暴，不如说是一场破坏金融的完美风暴正在逼近华尔街。

第
4
章

❖

大清算

❖ 音乐停止 ❖

繁荣引爆了。

——弗雷德·施韦德（Fred Schwed），《客户的游艇在哪里？》

到 20 世纪 20 年代末，欧文·费雪已成为美国最有名的经济学家和金融专家，他和凯恩斯一样，在学术界和商界都取得了卓越的成就。费雪是耶鲁大学的经济学教授，他拥有一家索引可见公司（Index Visible Company），是罗拉代克斯（Rolodex，一种普通索引系统的商标名称）早期版本的开发商。索引可见公司于 1925 年与兰德公司合并后，费雪成为新公司的大股东，成为一名富翁。作为理论家、企业家和市场参与者，费雪定期受邀解读华尔街股市。

费雪对华尔街股市是盲目乐观的，总是准备为投资大众提供让人安心的评论或乐观的预言。证券分析师罗杰·巴布森（Roger Babson）既是他的知己，又是他的职业天敌。巴布森被纽约报纸戏称为"亏损先知"，他从 1926 年起就预言股市会出现调整，但和其他怀疑论者一样，被大多数市场观察者认为不过是一个"故意唱衰美国繁荣的人"。然而，1929 年 9 月 5 日——就在道琼斯指数创下 381.2 点的历史新高后两天——才最终有人关注到了巴布森的忧虑。在对一群商人的演讲中，他警告说：

> 崩溃迟早会到来，而且可能非常恐怖……工厂会关门……工人会失业……恶性循环会全面铺开，最终会演化成一场严重的经济萧条。

道琼斯指数当天下跌了约 3%，"巴布森崩盘"标志着持续 6 个星期不稳定交易的开始。

不出所料，费雪对巴布森的悲观和动荡的预测提出了异议。1929 年 10 月中旬，那时距离大崩盘还不到两个星期，费雪教授指出："股票价格已经达到了一个似乎永久的高位……在几个月内……我预计股市还会上涨很多。"然而，他平息熊市的努力是徒劳的。1929 年 10 月 24 日上午——也就是后来众所周知的"黑色星期四"——华尔街的泡沫被刺破了。那天上午，整个交易所都被恐慌性的抛售气氛笼罩着，只是当一群密谋的、有影响力的银行家趾高气扬地走进交易大厅，手中挥舞着一口袋的买单时，金融大出血才得以停止。

这一干预措施只是暂时安抚了担惊受怕的投资者。虽然周末的休息时间为华尔街股指的波动提供了喘息的机会，但远离市场也让受惊的股东感受到了令人不安的严峻前景。10月 28 日的"黑色星期一",是金融界血流成河的日子。道琼斯指数下跌了约 13%,在某些极端情况下,只是因为没有买盘才阻止了股价的急剧下跌。第二天——继续保持"黑色"主题,成为"黑色星期二"——见证了另一次灾难性的下跌,这次又下跌了 12%。在 10 月的最后一周,股票行情自动显示器——因无法承受前所未有的交易量,在股市收盘后很久才突然显示出行情——为 20 世纪 20 年代的大牛市敲出了一首断奏的安魂曲。

❖　华尔街噩梦　❖

> 我认识的有些人亏损了数百万美元。我算幸运的。我只亏损了 24 万美元……我本来会亏得更多,但那是我的全部身家。
>
> ——格劳乔·马克斯(Groucho Marx),《格劳乔和我》

欧文·费雪,这位矢志不渝的乐观主义者,自然而然地对 10 月的崩盘给予了乐观的解释。他把道琼斯指数的暴跌归因于"摆脱了极端分子",并在 1929 年 11 月主动提出了"股市结束下跌的日子可能不会太久了,最多只有几天"的观点。1930 年年初,他再次试图说服市场——也许还有他自己——"至少在短期内,(股票的)前景是光明的"。许多人都与费雪一样持顽固的乐观态度,甚至华尔街十足的现实主义者、金融家伯纳德·巴鲁克(Bernard Baruch)在 11 月中旬也感到自信满满,他给丘吉尔发的电报中,明确表示"金融风暴肯定(已经)过去了"。

有一段时间,1929 年年末的"黑色"日子看起来确实不过是通往繁荣道路上的一个休息站。华尔街在 10 月的风波之后虽然有异常波动,但总体趋势是积极的——到 1930 年 4 月,道琼斯指数与 6 个月前砸出的低点相比,几乎反弹了 30%。但是,这些短暂的信心爆发只不过是"骗人的反弹",是一个垂死的市场最后的本能抽搐。1930 年年中,华尔街重拾跌势。到 1932 年,道琼斯指数只有低得可怜的 41.2 点,与 1929 年 9 月的峰值相比,下跌了近 90%。25 年后,道琼斯指数才再次达到"兴旺的 20 年代"的顶点。

像其他无数的投机者和投资者一样,欧文·费雪也被股市榨干了。他和他的直系亲属在牛市的顶点,借钱购买了兰德公司增发的股份,他的儿子后来估计费雪约亏损 1000 万美元,远远超过现在的 1 亿美元。费雪破产后,耶鲁大学只得买下他的房子，然后把房子租给他。即使这样，费雪还是经常交不起房租。他因逃税受到美国联邦税务局（IRS）的关注，无奈之下，只得向他富有的亲属借钱。作为一个以研究理性市场为职业兴趣的新古典主义经济学家，他在余生中不时地因曾相信股价会不断上涨而成为他人的笑柄。

❖ 先知警告 ❖

华尔街股指昨天的确下跌了。你读过这条新闻了吗？有史以来最大的崩溃……我整天满脑子想的都是金融，让我无法接受。

——凯恩斯致莉迪娅，1929 年 10 月 25 日

与他的美国同行相比，凯恩斯在 1929 年大崩盘之前就已经大幅减少了对股市的敞口。然而，凯恩斯此举也并非因为他有什么超人的远见。相反，他在投机市场上"可怕的冒险"——这次是商品市场——再次让他陷入困境。1928 年，经过几年的赢利后，凯恩斯在橡胶、玉米、棉花等商品市场

上的投资不利，不得不变卖大部分股票，来弥补他在商品市场上遭受的损失。1929 年年末的证券交易动荡也让凯恩斯付出了沉重代价：他主要持有股票的奥斯汀汽车公司，在 20 世纪 20 年代的最后两年里损失了四分之三以上的市值。总体来讲，凯恩斯的净资产在这一时期下降了 80% 以上——从 1928 年初的 44000 英镑下降到两年后的不足 8000 英镑，而且，这是他一生中第二次处于财务崩溃的边缘。

尽管他的财富遭受了损失，但凯恩斯最初还是和费雪一样，相信 1929 年年末的事件只是"市场修正"而已。他在"黑色星期四"过后的第一天向《纽约晚邮报》（*New York Evening Post*）的读者保证："商品价格会恢复，农民的处境会变得更好。"不过，早在 1929 年 11 月的时候，他对形势的看法就已经大为改观。凯恩斯认为重大的经济衰退迫在眉睫，并向其他董事建议，在华尔街重仓的独立投资公司（Independent Investment Company）应出售其证券并偿还未偿债务。到 1930 年 5 月，凯恩斯向更多的人传播他对市场的悲观看法：

> 事实是——一个尚未被公众认识到的事实——我们现在身处非常严重的国际经济萧条期，这将成为有史以来最严重的经济萧条之一。我们要想摆脱这种程度的萧条，不仅需要被动调整银行利率，还

需要一种非常积极和坚定的政策。

⋄ 矿井中的金丝雀 ❶ ⋄

> 不管怎么说，所留时间已不多——整个国家十分之一的
> 上层人士生活得如大公般无忧无虑，如歌女般漫不经心。
>
> ——F. 斯科特·菲茨杰拉德，《爵士时代的回声》

实际上，1929 年 10 月的事件只是后续更大灾难的早期征兆，而不是引起灾难的原因。华尔街的穿插表演转移了人们对更广泛的社会中难以为继的失衡问题的关注——正如经济史学家罗伯特·海尔布隆纳（Robert Heilbroner）在大崩盘前所指出的那样，"社会金字塔顶端约 2.4 万个家庭获得的源源不断的收入，是金字塔底部 600 万个家庭收入的 3 倍"。信贷在很大程度上已经从实体经济转移到了金融投机和炫耀性消

---

❶ 直到 20 世纪 80 年代，美国煤矿工人下井时还要携带金丝雀。因为当坑道中的有毒气体浓度达到一定程度时，金丝雀会表现出明显的烦躁；如果金丝雀暴毙，就说明井下危险气体的浓度已经达到临界值，必须迅速逃生。——译者注

费中，当宽松的货币引发了 20 世纪 20 年代末熊熊燃烧的投机之火时，农民和其他初级生产者只得在价格低迷和债台高筑中苦苦挣扎。

事实证明，美国繁荣的镀金大厦头重脚轻，摇摇欲坠，在分期付款信贷和保证金贷款的沙土基地上岌岌可危。华尔街的震荡最终导致这座空中楼阁轰然倒塌：丧失抵押品赎回权，银行挤兑，最终导致大批工人失业。到 1933 年时，美国四分之一的劳动力失业，工业产值只有 1929 年的一半，人均实际收入下降到 20 世纪以来的最低水平。5000 多家银行破产，"胡佛村"——被剥夺财产者居住的贫民窟——破坏了美国的形象，就像国家的开放性创口。

华尔街的传染病迅速蔓延到美国疆界之外，《凡尔赛和约》所产生的债务网络将各国纠缠在一起，使它们为隔离日益严重的金融瘟疫所做的最大努力受挫。更糟糕的是，为了阻挡这股浪潮，西方政府固执地试图通过设定越来越高的贸易壁垒来寻求庇护。在废除自由贸易结构的过程中，发达国家正在慢慢地肢解其产金蛋的鹅——这种保护主义的逐底竞争，使国际贸易量在大崩盘后的 4 年里减半。失去了商业的氧气，世界陷入了几乎瘫痪的状态。

⋄　活在当下　⋄

> 从长远的角度看当前的事务是个伪命题。长远来看我们
> 终归死亡。如果经济学家在狂风暴雨的季节里只能告诉我
> 们，当风暴过去很久后，大海又会风平浪静，那么他们给自
> 己设定的任务就太轻松了，太无用了。
>
> ——凯恩斯，《货币改革论》

　　凯恩斯越来越迫切地劝说各国政府采取果断行动——"行
动、大胆和进取"，将西方世界从陷入的"沼泽"中解救出
来，他在 1931 年年初对广播听众说："肯定有治愈的办法。"
然而，他的请求基本上没有引起持稳健金融观点的从业人
员的重视。持有传统智慧观点的人建议采取"清算主义"政
策——用当时美国财政部长安德鲁·梅隆（Andrew Mellon）
的话说，让困难时期"清除系统中的腐烂物质"。这些正统
金融学的所谓行家认为，所有发达经济体都要经历"商业周
期"，股市暴跌不过是其中一种相当惊人的表现形式。最终，
西方世界必将自我修正，恢复充分就业。
　　长期以来，商业周期一直被视为发达社会的一个无法避
免的特征。毕竟，历史上第一个有记载的经济预测是约瑟夫

（Joseph）对古埃及7年丰收后7年饥荒的预测，而凯恩斯本人也出生在被称为"大萧条"的时期，直到20世纪30年代才出现比"大萧条"更严重的灾难。事实上，许多人把经济衰退视为一种达尔文式的春季大扫除，并为之欢欣鼓舞。在此情况下，表现不佳的企业就会被商业界淘汰。凯恩斯后来说，某些"严厉和清教徒式的人们"，甚至把股市暴跌看成是一种市场的天谴：

> ……正如他们所称，股市暴跌是贪欲极度膨胀的必然结果，是对人的投机的报应。他们认为，倘若如此大的繁荣后来没有被普遍的破产所抵消，这将是不义之财的胜利。

然而，商业周期的概念中隐含着这样一层含义——正如冬去春来一样——经济将在某个阶段恢复到昔日的繁荣水平。正如凯恩斯所总结的那样，古典经济学认为：

> ……从长远来看，现有的经济体系是一个自我调节的系统，虽然在此过程中会有呻吟和抽搐，还会被时间滞后、外部干扰和各种错误打断。

尽管大萧条来势汹汹，但正统派基本没有改变对市场效

力的信心，似乎未受数百万失业者、家庭贫困和国家面临解
体的困扰。凯恩斯痛恨古典强硬派的轻松自满，以及他们向
大众做出的社会终将走出大萧条的平静保证。在对推销焦土
政策的清算主义者的严厉反驳中，他提醒他们，"长远来看我
们终归死亡"。资本主义在遭遇最大的危机时，根本没有等待
经济自愈的奢望。

❖ 凶兆预言 ❖

> 在过去 12 年里，我对政策几乎没有什么影响力。但在
> 承担凶事预言家的角色中，我取得了极大的成功。
> ——凯恩斯对国会议员的演讲，1931 年 9 月 16 日

20 世纪 30 年代踽踽而行，没有证据表明发达国家的经
济正在逐步恢复。经济萎靡不振，失业率仍然居高不下，社
会上怨声载道，公民变得焦躁不安。1932 年，美国陆军部
队在麦克阿瑟和巴顿的统率下，在首次参与武装冲突的艾森
豪威尔的协助下，残忍地用刺刀、坦克和催泪瓦斯清除了成
千上万名退役老兵搭建的临时营地。这些老兵曾在美国国会

大厦前游行，要求政府提供援助。同年在英国，官方公布的全国失业率平均为 20%，有些地区甚至高达 70%。前政府大臣奥斯瓦尔德·莫斯利爵士（Sir Oswald Mosley）在这片遍布不满和绝望的肥沃土壤中，创立了英国法西斯联盟（British Union of Fascists）。而在欧洲大陆，大萧条就像一种巨大的离心机——把男人和女人从政治中心驱离，任由其走向社会主义和法西斯主义的极端。

凯恩斯心里最悲观的预感应验了。他曾警告说，根据《凡尔赛和约》这份"该死的、灾难性的文件"，同盟国要承担沉重的战争赔款，这样的话，国际紧张局势将无法得到缓解。他后来预言，按战前汇率恢复金本位制，将严重扭曲贸易和资本流动。而现在，当世界在沼泽中越陷越深时，他对越来越多的政府奉行贸易保护主义和"以邻为壑"的政策感到绝望，他这样评论道：

> 现代资本家是一个只能同甘不能共苦的水手。一旦暴风雨来临，他就会放弃航行的职责，甚至会因为急于把他的邻居推下水而让自己挤进去，将可能会把他运送到安全地带的船只弄沉。

凯恩斯意识到，文明是建立在"一个薄薄的、不稳定的地壳"之上的。他认为，古典理论的标准秘方——让"事情顺其自然"——是不恰当的，而且是被误导的。凯恩斯由于在英国经历过长达 10 年的经济衰退，大致能意识到大萧条不仅仅是一种周期现象，还有一些基本的结构性因素阻碍了世界走出沼泽的步伐。他曾用报纸上的文章、小册子、给国家元首的公开信，以及他腼腆地描述为"给财政部的建议"作为他的临时演讲台。尽管凯恩斯精力充沛地继续陈述他的理由，但他意识到还需要做更多的工作——不亚于提出一个全新的经济理论，以解释和解决"在需求无处不在的世界里大规模的非正常失业"的现象。

凯恩斯在金融市场上遭遇的过山车之旅使他获得了深邃的洞察力，从而逐渐形成一个革命性的理论，用之解释现代经济的繁荣和萧条。凯恩斯激进理论的一个核心论点是，金融市场并不总是有效的。若货币市场发生动荡，实体经济可能也会产生混乱。作为一个很受欢迎的附带产品，凯恩斯还偶然发现了一套投资原则——价值投资理念的最早提法之一，后来被巴菲特等人采用——这也让他获得了巨额财富。与同时代的欧文·费雪一样，在 20 世纪 20 年代末剧烈波动的市场中，凯恩斯在财务上也遭受了重大打击。然而，与不幸的费雪不同的是，凯恩斯从低谷中走出后，他的专业声誉得到了提升，财富也变得更加丰厚。

第**5**章

⋄

引起骚动

❖ 曙光初现 ❖

> ……匮乏和贫困问题以及阶级和国家之间的经济斗争，只不过是一种极度的混乱状态，一种转瞬即逝且毫无必要的混乱状态而已。
>
> ——凯恩斯，《劝说集》

　　1930 年，当股票市场摇摇欲坠，领取救济金的队伍越来越长，绝望的乌云笼罩着西方世界时，凯恩斯以其特有的逆向思维语气，提出了百年之后的文明愿景。他提到了这样一个世界：由于资本主义制度的极致效率，人类无须再"为生存而战"，终于从"为了生计而担忧的隧道中走了出来，走向了光明"。在这个乌托邦中，经济学家终于自降身价，回归到了他们在社会中的本来位置——"作为卑微的、有能力的人，与牙医平起平坐"，仅仅是以微妙的手法驾驶国家船只的技术专家。

　　凯恩斯预言，当这个经济伊甸园最终实现之时：

　　我们将能够摆脱许多假道德原则，我们已经被这些原则困扰了两百年之久。通过这些原则，我们将一些最令人反感的人类品质提升到了最高美德的地位。

对凯恩斯来说，对资本主义的崇拜助长了一个价值颠倒的怪异平行世界，将人类最不具吸引力的一些倾向——"贪婪、放高利贷和防备"——神圣化为社会的信条。然而，他接受了"只要目的正当，就可以不择手段"的观点——"如果进行明智的管理，（资本主义）在实现经济目的方面可能比现有任何制度都更有效"。凯恩斯对资本主义的态度，倒颇像丘吉尔对民主的态度——这不是最坏的制度。它是一个必要的拐杖，等人类最终登上阳光普照的丰饶高地，届时就可以实施一种更崇高的社会管理手段。

资本主义的主要优点和可取之处，是它的效能。如果自由市场体系放弃对无可匹敌的劳动生产率的要求，就会产生一种危险，即其他表面上不那么违背道义的社会模式会受到人们的青睐。正如凯恩斯所观察到的那样：

> 现代资本主义是绝对没有宗教信仰的，没有内部联合，没有太多的公共精神，通常只是一个占有者和追求者的集合体，虽然并不总是这样。这样的体系要想生存下去，必须取得极大的成功才行，而不仅仅是适度的成功。

　　凯恩斯在 1933 年指出，自由市场体系明显未能"履行诺言"，意味着西方国家越来越愿意抛弃他们与资本主义达成的浮士德式契约，转而开始"进行各种政治经济实验"。

　　尽管凯恩斯本人对自由市场体系的许多方面都很反感，但他认为资本主义并没有致命的缺陷。他断言，之所以会出现经常性失业和经济停滞的深刻问题，是有一个简单的原因的，并且也有简单的补救措施。只需推翻现有的正统观念，并将新的理论更牢固地根植于日常经济生活的现实中——在这种环境中，个人要应对不确定的未来，并成为贪婪、恐惧和非理性的牺牲品。

✧　驱逐货币兑换商　✧

　　人类面对的问题总是存在一个简单的解决方案——极有条理、极具说服力，然而却是错的。

　　——亨利·路易斯·门肯（Henry Louis Mencken），

　　《偏见集》

　　1933 年 3 月，美国的新任总统首次以他新职务的身份向他的国民发表讲话。这位领导人对危及国家金融界的人进行了愤怒的谴责：

> 货币兑换商已从我们文明庙宇的高处落荒而逃。我们要以千古不变的真理来重建这座庙宇。衡量这重建的尺度是我们体现比金钱利益更高尚的社会价值的程度。

他指出："这个国家要求行动起来，现在就行动起来。"他敦促他的同胞们"像一支训练有素的忠诚的军队一样前进，愿意为共同的原则而献身……因为这将使志在建设更美好社会的领导成为可能"。这位领导人告诫说，如果全国紧急状况仍然严重，他将寻求"广泛的行政权力"。

富兰克林·德拉诺·罗斯福作为美国总统发表就职演说时，适逢大萧条的深渊。当时，正如罗斯福所观察到的那样，如同世界末日，"随处可见工业企业的枯枝败叶……（而且）成千上万个家庭多年来的积蓄都化为乌有，烟消云散"。西方世界变得越来越绝望——曾经运作良好的资本主义制度似乎已经无可救药地崩溃了，似乎只有采取极端措施才能将其从僵局中解救出来。

❖　崭新智慧　❖

> 我们的政治家有一半的陈腐智慧是建立在假设之上的，这些假设曾经是真实的，或者部分是真实的，但现在却越来越不真实了。我们必须为新时代创造新智慧。
>
> **——凯恩斯，《劝说集》**

凯恩斯对那些希望废除资本主义的争论不以为意。在凯恩斯看来，对资本主义威胁最大的，并不是那些有抱负的革命者，而是那些极力声称效忠于现有秩序的人。

正统金融学认为，就像一个家庭在困难时期应该实行严格的财务纪律一样，受经济下滑影响的政府也应该实行紧缩的财政政策。正如亚当·斯密所推断的那样，"在每一个私人家庭的行为中是精明的事情，在一个大国的行为中就很少是荒唐的了"，传统智慧只是将良好的家庭管理推广到国家层面上。古典经济学的格言证实了正统观念的直觉，它们假设自由市场体系得益于一套制衡系统，而这套制衡系统能够确保经济总是趋向于充分就业。

在古典理论过分乐观的世界里，所有的储蓄都会用于投资，所有的工人都会被雇佣，所有的产品都会被消费。因此，正如凯恩斯所说，对这个自我调节系统进行任何干预都被视为：

……不仅是不明智的，而且是不虔诚的，因为它企图故意地阻碍我们自己像阿佛洛狄忒❶（Aphrodite）一样从海洋中款款而起的非凡过程。

凯恩斯认为，古典理论的"隐性假定很少或从未得到满足，造成的结果是它不能解决现实世界的经济问题"。凯恩斯并没有因为现实没有达到理论的严格标准而对其进行谴责，而是准备创建一个能够包容并能解释现实世界不完美性的模型。

❖ 破门而入 ❖

> 所有成功的革命都是破门而入。
>
> ——约翰·肯尼思·加尔布雷思（John Kenneth Galbraith），《不确定的年代》

凯恩斯作为自负的传统制度破坏者，从来不会被公认的经济真理所束缚。他展现了英国人被低估的实用主义美德，

---

❶ 阿佛洛狄忒，指希腊神话中代表爱与美的女神。

即不必过分拘泥于任何特定的观点——正如他在 1930 年轻描淡写地告诉议会委员会："我害怕'原则'。"凯恩斯坚持认为，经济学"是一种思考的技巧……而不是一套固定的结论"。虽然他最初是古典传统的积极捍卫者，但到了 20 世纪 20 年代中期，他越来越多地与"怪人"站在一起，坚称自由市场经济可以长期停滞在"就业不足的均衡状态"。

凯恩斯发现，古典经济学——建立在资源稀缺假设基础之上——在处理资源过剩、资源浪费的情形时显得力不从心。他说，正统观念"靠世袭的权利，而不是自身的价值来统治我们"，它的政策处方往往混淆了常识。凯恩斯毫不留情地抨击了"所谓'稳健'财政的胆怯和精神错乱"——那些像死记硬背一样背诵古典理论的陈旧信条，以支持财政公正和谨慎政策的人：

> 当我们有失业的工人和闲置的厂房时……说我们抽不出时间做这些事情是完全愚蠢的。因为这些事情是靠失业的工人和闲置的厂房完成的，而不是靠别的什么。

凯恩斯抨击"死脑筋"的清算主义者，他认为古典模式并非完美无瑕，经济萧条并不是天灾，而是人祸，可以通过运用合理的思维和勇敢的举措来解决。正如凯恩斯在 1934 年年底宣称的那样，"我们正……处于人类事务中一个非同寻常的时刻，值此时刻，我们可以通过解决一个智力问题来拯救自己。除此之外，别无他法"。为了解决他所处时代面临的巨大社会问题，凯恩斯将抛弃支撑古典理论的许多假设和结论。正如他对广播听众所宣称的那样：

> 我们没有理由不大胆、开放、实验、采取行动、尝试事物的各种可能性。而在我们对面，站在道路上的，只有几个把自己紧紧地裹在长礼服里的老绅士，我们只需用一点善意的不敬，就能把他们像九柱戏中的木柱一样击倒。

❖ 《就业、利息和货币通论》 ❖

> 打个比喻说，我想引起骚动，因为只有引起争论，别人才能听懂我说的话。
>
> ——凯恩斯致一位经济学家同行，1935 年 8 月 27 日

凯恩斯在 1936 年 2 月出版《就业、利息和货币通论》（以

下简称《通论》），书中对正统学说声称的自由市场总是产生最优结果的观点提出质疑。如同爱因斯坦的广义相对论一样，凯恩斯的巨著推翻了公认的理论结构，表明市场无须像牛顿物理学中的钟表装置那般精准。凯恩斯把古典经济学家比作"非欧几里得世界中的欧几里得几何学家，他们在实践中发现看似平行的直线经常会相交，于是便指责线条没有保持笔直"。在他看来，古典学说的某些部分虽然在理论上很精美，但是建立在有缺陷的假设之上，而且推导出的结果明显与现实世界背道而驰。凯恩斯给自己定下的任务是推翻前辈们多余的真理。正如他在 1935 年对朋友萧伯纳所预言的那样，《通论》将"在很大程度上彻底改变……世界思考经济问题的方式"。

凯恩斯写作《通论》时，绝大多数发达国家已经经历了多年的经常性失业和经济停滞的状况。正统经济理论认为这种情况是不可能发生的，因为该理论认为，市场是会自我修正的，会自然而然地朝着充分就业的方向发展。古典经济学家认为，经济之所以疲软，部分原因是工人们还不够灵活。只要他们的行为更像古典经济理论中的理性人，愿意把工资降低到有人愿意雇佣他们时的水平，那么劳动力市场就会自我修正，充分就业就会恢复。

凯恩斯认为，正统理论——主要是指责失业者的困境——

是"邪恶的",而且是错误的。《通论》中的一个主要研究结论——通过凯恩斯的亲身投机经验得出——是不确定的心理状态损害了市场的有效运作。不确定性的存在,会导致周期性的投资不足和储蓄过度,进而导致经济资源没有得到充分利用。凯恩斯理论对这种状况的解决办法,实质上是通过增加政府支出来提高经济的总支出,以抵消商业和消费活动的减少。

❖ 钱可通神 ❖

> 投机改善了他的经济状况,而经济状况让他更有实力去投机。
>
> ——达文波特(Davenport)评凯恩斯《一个城市激进分子的回忆录》

亚当·斯密认为,消费者"爱慕虚荣和贪得无厌的欲望"通过"看不见的手"的运作,增进了整个社会的福祉。同样,凯恩斯也提出了一种隐藏的手,将赤字财政的恶习转变为充分就业和经济稳定的美德。在挑战"看不见的手"这一自相矛盾的学说时,凯恩斯这个伟大的颠覆者提出了一个同样违反直觉的建议——在某些时候，国家的挥霍可能是最负责任的政策。这个想法深深地冒犯了自由放任的正统观念和稳健财政的准则，即严格遵守平衡预算和支出不应超过收入的原则。在巴黎和会期间就认识凯恩斯的美国银行家拉塞尔·莱芬韦尔（Russell Leffingwell），代表了伦敦金融界对他的想法做出了居高临下的反应：

> ……凯恩斯和他的所有学派……都没有实践者的判断力……他们是政府工作人员，是政治经济学的教授。他们既不是银行家，又不是商人。

事实上，恰恰是因为凯恩斯不仅仅是一名政府工作人员或经济学家，他才能摆脱正统思维模式的束缚，发展出一套解释持续不充分就业的理论。凯恩斯能做到这一点，是因为金融市场的投资经验让他深入洞察到现代经济的真正运作方式。传统理论在很大程度上忽略了货币和金融交易的重要性——在古典领域，它们只不过是渠道，是蒙在"实体经济"过程中的一个面纱。正如苏格兰哲学家大卫·休谟（David Hume）所总结的那样，正统理论中的货币"不是贸易的车轮，而是使贸易车轮转动起来更加顺畅、轻便的润滑油"。

凯恩斯没有将货币和金融市场从经济理论中抽取出来，

而是把它们视为一种驱动力。他意识到，货币远不止是一种
交换媒介或实体经济活动无足轻重的影子——它"首先是一
种将现在与未来联系起来的微妙手段"。凯恩斯指出：

> ……我们把持有货币作为财富储备的欲望是一
> 个晴雨表，能够及时反映对我们自己的估算和针对
> 未来约定的不信任程度。拥有实际的货币可以缓解
> 我们的不安，而我们要求的使我们放弃货币的溢价
> 是衡量我们不安程度的标准。

"流动性偏好"——持有现金或准现金的欲望——是衡量
个人对未来的谨慎程度的一个标准。当货币从"产业流通"
转移到"金融流通"时——当储蓄不是用来投资企业，而是
闲置时——就会发生经济萧条。我们可以把资金流视作经济
的新陈代谢，当个人因为对未来的恐惧而把他们的储蓄储存
起来时，或者当投资者缺乏着手新项目的信心时，繁荣的
"雏菊花环"就会断裂，"企业就会衰落和死亡"。

◦ 挥金如土 ◦

> ……这不是一场贫穷的危机，而是一场富裕的危机。那些声音——值此紧要关头——告诉我们可以通过厉行节约和尽可能不利用世界潜在生产量来找到出路的声音，是傻瓜和疯子的声音。
>
> **——凯恩斯，《世界经济展望》**

凯恩斯认为，经济长期萧条并没有什么复杂而深刻的原因，也不需要采取激进的补救措施。其实萧条的原因很简单，可以用简单的方法来解决。他坚称，经济引擎出现问题，无非"磁发电机故障"而已。发动机大体上没有损伤，而且有大量的燃料储备——只需一个转换火花来启动机器，让它重新回到繁荣的道路上。在大萧条的深渊，凯恩斯非常乐观地告诉听众，"我们遭受的是年轻时的成长之痛，而不是老年时的风湿病"。凯恩斯向听众暗示，著名的"看不见的手"只是需要一臂之力而已。

像早期的人文主义者一样，凯恩斯主义并没有把经济福利的责任推给全知全能的市场。相反，人类的经济命运牢牢掌握在自己手中——政府可以积极干预，通过"逆向支出"

来平滑商业周期，一如凯恩斯所称的财政微调。正如他宣称的那样：

> 对政府来说，重要的不是去做个人已经在做的事情，把它们做得好一点或差一点，而是去做那些目前根本没有做的事情。

《通论》使舆论两极分化。一些评论员虽然欣赏这本书展现出的作者的聪明才智，但认为它仍存在瑕疵，"是一个复杂难懂的大杂烩"。剑桥大学经济学教授阿瑟·庇古（Arthur Pigou）以一种委婉的方式对《通论》进行了赞扬。"我们看到的是一个艺术家在向月亮射箭，"他评论道，"不管别人对他的射箭技术作何评价，我们都可以欣赏他的高超技巧。"其他人，如奥地利经济学家弗里德里希·冯·哈耶克（Friedrich von Hayek）认为，这是向极权主义国家迈出的第一步。凯恩斯坚决反对"保守派的悲观主义，他们认为我们经济和社会生活之间的平衡岌岌可危，我们绝不能冒任何实验的风险"。通过引入"投资社会化"这一因素来缓和资本主义生产过剩的问题，凯恩斯认为，社会实际上将对集体主义和独裁主义带来的更加严重的威胁进行了预防。

凯恩斯认为他的"生产的货币理论在其意义上是适度保

守的"。凯恩斯主义的行动方案只是主张当亚当·斯密"看不见的手"因不作为而萎缩时进行外在刺激——"一种推动力、一种震动、一种加速"。如凯恩斯所言，一旦经济引擎被重新点燃，并且"我们的中央控制成功建立了一个与充分就业尽可能接近的产出总量"，那么，他评论道，"从此以后，古典理论又盛行起来了"。索尔兹伯里勋爵（Lord Salisbury）曾经说过，英国的外交政策是"懒洋洋地顺水漂流，偶尔拿出一个外交撑篙来避免碰撞"。凯恩斯提出的经济政策与英国的外交政策在概念上是类似的，但在执行上更有力度——政府将担当国家之船的舵手，在失业和经济停滞迫在眉睫时，引导经济脱离危险。

❖ 留下印迹 ❖

> 所有的真理都要经过 3 个阶段：首先，受到嘲笑；然后，遭到激烈的反对；最后，被理所当然地接受。
>
> ——叔本华《人生的智慧》

由于凯恩斯的理论恰好道出了许多政治家的心声——通

往复苏的道路不在于紧缩，而在于增加支出和降低税收——政策制定者花了这么长时间才肯接受他的想法，这倒真让人有点吃惊。直到第二次世界大战期间，全球公共支出持续增长，凯恩斯主义——认为财政政策应该对经济的"总需求"进行微调——才取代了古典学派的自由放任理论，几乎就像达尔文的进化论彻底取代了《创世纪》一样。

第二次世界大战后 30 年来，当西方世界陶醉于"永久繁荣"的环境中时，就连凯恩斯曾经最激烈的反对者也不情愿地承认，"我们现在都是凯恩斯主义者"。凯恩斯把经济学强拉硬拽进了 20 世纪——从研究稀缺条件下的选择到研究不确定性条件下的选择，从强调微观经济因素到强调总量。他以自己的方式践行了布鲁姆斯伯里派将现代主义引入西方社会的使命。因为他的经济学理念也许更多要归功于弗洛伊德的原始心灵的概念，而不是早期的经济理性和机械主义秩序的概念。

凯恩斯主义在 20 世纪 70 年代受制于各种各样的复辟，当时的滞胀状况——在高失业率的条件下价格持续上涨——从总体上促进了新古典经济学的复苏，特别是货币主义的复苏。但就在凯恩斯主义第一次政变的余烬渐渐熄灭的时候，凯恩斯主义的第二次革命正在被点燃。20 世纪 70 年代末，新兴的行为金融学学科——融合了金融学和心理学——重新发

现了凯恩斯关于投资者情绪和股市动态的观点。在历史上最
严重的萧条时期,《通论》全面推翻了古典经济学的许多自信
结论——它也许是世界上第一部关于行为经济学的重要著作,
被再次证明是新思维方式的基础文本。

第

6

章

❖

动物精神

❖ 起起落落 ❖

> 每个作用力必定对应一个同样大小的反作用力。
>
> ——牛顿，《自然哲学的数学原理》

1936 年 7 月，在《通论》出版后仅几个月，凯恩斯在拍卖会上从一位经济拮据的英国贵族手中买到了一个大铁箱。箱子里有剑桥大学最有名气的艾萨克·牛顿的一些个人文件。牛顿被尊称为科学巨人，把世界带入了启蒙时代。用亚历山大·薄柏（Alexander Pope）的话说就是：

自然和自然的法则在黑夜中隐藏：上帝说，让牛顿去吧！于是一切都被照亮。

在 1666 年——"奇迹之年"，剑桥大学的各个学院受瘟疫影响被迫关闭后，年轻的牛顿待在家里，发明了微积分，发现了万有引力定律，并提出了他的光学理论。

然而，这位理性的泰斗背地里却有点像异教徒。牛顿早年的大部分时间是在他的"实验室"中度过的。据他的助手说，他在那里进行的"化学实验……旨在实现人类艺术和工业无法企及的东西"。牛顿不是冷冰冰的宇宙几何学家——尽管他提出了机械主义的世界观，但他痴迷于炼金术和超自然现象。他从未完全接受"无生命无意识的物质"的概念，而是怀疑生命是由苍穹中看不见的"动物精神"激活的。

牛顿也是一个热衷于追求物质财富的人。虽然他的炼金术未能将贱金属炼成黄金，但他最终找到了自己的点金石——出任英国皇家铸币厂的厂长。在这个职位上，牛顿监督了英国货币的重新铸造过程，并从在他监督下铸造的所有硬币中收取佣金，从而发了大财。1720 年，牛顿用他的一些财富投资购买了南海公司（South Sea Company）的股票。在卖出他最初持有的股票并获得了可观的利润后，牛顿被不断上涨的股价所吸引，便再次进入了市场。这一次，他可就没有那么幸运了。南海公司的泡沫破裂，牛顿亏损了约 2 万英镑——相当于今天的 600 多万美元。万有引力在金融世界的这番演示让他受到了惩罚，牛顿悲伤地说道："我能计算天体的运动，但计算不了人类的疯狂。"

就像他心目中的英雄牛顿一样，凯恩斯也从惨痛的投资经历中意识到——主要由于不确定性这一不可回避的事实——金融市场有时会受到"突发奇想、情绪或机会"等不可预测因素的冲击，成为"完全非理性的乐观或沮丧浪潮"的牺牲品。凯恩斯花了 10 年时间，试图对市场瞬息万变的策略进行预测。他不止一次被市场搞得手足无措，最终得出结论：那些随波逐流的人很容易被踩死。他决定，与其在牛市奔跑或熊市逃离时被撕成碎片，不如远离疯狂的人群。

❖ 前途未卜 ❖

> ……在我们所关心的大部分问题上，（上帝）只给了我们一丝曙光。
>
> ——约翰·洛克（John Locke），《人类理解论》

凯恩斯还是研究牛顿的主要权威。由于得到了牛顿的个人文件，凯恩斯在这一方面的地位得到了进一步的巩固。凯恩斯让世界注意到了牛顿迷恋神秘学和形而上学的一面——把他描写成一个"一只脚还停留在中世纪，另一只脚却已踏上现代科学道路"的人。他还照搬照用了牛顿"动物精神"的想法，认为在金融市场这个所谓的机械主义世界里，投资者往往会被一些对预期分析以外的东西所推动。

凯恩斯在《通论》中解释道，不仅金融市场容易出现损害效率的周期性信息瀑布，而且投资者不可能是古典理论中的理性行为者。想让他们对预期结果进行冷静的计算，是根本不可能的。凭借无可争议的常识，凯恩斯指出，有些事件"没有任何科学依据，无法形成任何可预计的概率"：

> 一个突出的事实是，我们对必须要完成的预期收益进行估计时，所依据的知识基础是极其靠不住的。对于若干年后投资收益的各种影响因素，我们通常了解得少之又少，而且往往可以忽略不计。坦率地说，我们不得不承认，我们无法对一条铁路、一座铜矿、一家纺织厂、一种专利药品的商誉、一艘大西洋邮轮、伦敦金融界的一栋大楼 10 年后的收益进行估计，因为我们具备的知识基础薄弱，有时甚至一无所知……

凯恩斯曾经说过："愿望是思想之父。"值得注意的是，正统理论在倡导有效市场假说的同时，似乎忽略了这样一个事实，即"核心风险"——无法确定概率的不确定性——阻碍了对股票预期收益的精确计算。因此，凯恩斯拒绝了正统理论的轻率假设，即在对证券进行估值时，金融市场参与者可以"作为一个虔诚的边沁主义者，对一系列潜在的优势和劣势进行计算，把每个因素都乘以合适的概率，最后再求和"。尽管有古典理论的假设，但正如凯恩斯指出的那样，有许多因素"我们根本不知道"。

❖ 优柔寡断 ❖

> 预测是非常困难的，尤其是对未来的预测。
>
> ——尼尔斯·玻尔（Niels Bohr）

凯恩斯引用了哲学家们喜爱的一个悖论——就是那个"布里丹之驴"——来说明为什么"行动和决策的必要性迫使我们作为实践者"忽略了一个"尴尬的事实"，即对一只股票进行完全正确的估价是不可能的。布里丹之驴是《一千零一夜》里的一只野兽，面对两捆同样诱人、与它等距的干草，虽然饥肠辘辘，还在考虑该吃哪一捆草更合适。就像这个寓言中的驴一样，股市参与者——如果他们试图在投资决策中采用纯粹的理性方法——也会被不可知的未来所带来的令人生畏的"假使……会怎么样"弄得动弹不得。相反，他们在评估股市机会时，会诉诸不太需要分析的因素：

> 为了避免陷入布里丹之驴的困境，我们又回到了……动机上……从关注后果评估这个意义上说，是不"理性的"，动机是由习惯、本能、偏好、欲望和意愿等决定的。

股市参与者被一些因素推动着——至少是被部分推动着，这些因素虽然不是理性的，但在某种意义上是合法的。与政府债券的情况不同——政府债券支付固定的票面利率，其目前的投资价值可以合理精确地确定下来——股票则存在于一个模糊的边缘地带。这种不确定性的缺口就像一块空白的画布，投资者可以在上面描绘出自己最热切的希望或最深层的恐惧。"动物精神"——凯恩斯将其定义为"自发的行动冲动而非不作为"——使个人更有勇气，使他们能够弥补任何投资决策中固有的不确定性缺口。

凯恩斯总结道，投资者并不是正统理论中知识渊博的计算机器。尽管有效市场假说的支持者声称，股市行为不是——也不可能是——由纯粹的理性因素所支配的。投资者心理在购买、出售或持有股票的决策中起着不可或缺的作用。正如凯恩斯所总结的那样：

　　……我们大部分的积极活动都取决于自发的乐观情绪而非数学期望，无论是道德的、享乐主义的还是经济的。可能我们做一些积极事情的决策，其全部后果要在未来许多天后才能显现出来，因此只能作为动物精神的结果，而不是作为量化利益乘以量化概率得出的加权平均结果。

❖ 草木皆兵 ❖

> 股市已经预言了过去 5 次经济衰退中的 9 次。
> ——保罗 · 萨缪尔森（Paul Samuelson），《新闻周刊》

　　不确定性的存在，不仅意味着投资者在做出投资决策时，要依赖他们的"信心状态"或"动物精神"，而且还夸大了近

期因素对股票表现的影响。在 1930 年出版的《货币论》中，
凯恩斯指出：

> ……对于不久的将来，如此敏感——如果你愿
> 意的话，还可以过分敏感——我们可能认为我们知
> 道一点，即使是消息灵通的人也是如此，因为说实
> 话，我们对更遥远的未来几乎一无所知。

凯恩斯承认，投资者对他们相对更有信心的事项给予更
大的重视，这并非没有道理，"尽管这些事项与我们所了解的
模糊不清和一知半解的其他事实相比，与问题的明确相关程
度较小"。因此：

> ……在某种意义上，现状的客观事实不成比例
> 地进入我们长期预期的形成过程中。我们的惯例是
> 根据现状预测未来，只在我们有或多或少的明确理
> 由期待变化的情况下才进行修改。

"现状将无限期地持续下去"的广泛假设意味着：

> 现有投资利润的逐日波动，虽然具有短暂和微

不足道的特征，却往往会对市场产生完全过度的，甚至是荒谬的影响。

凯恩斯举了一个这种趋势的例子，他声称——其中不乏夸张的成分——"美国制冰公司的股票在夏天的售价要高于冬天，因为季节性因素使得夏天的利润高于冬天无人问津时的利润"。同理，"法定假日的再次出现，可能使英国铁路系统的股票市值提高几百万英镑"。

对短期的关注意味着投资者预期——也就意味着股价——对新信息是极为敏感的，而且：

> 面对现代世界的复杂性和不确定性，市场价值的波动将比事后看来的合理程度大得多……

简单点说，不确定性这一不可回避的事实，促使股市参与者抓住新信息，导致股价超调。经验证据支持凯恩斯的论点——研究表明，相对于基本收益和红利的变化，股价的波动性要远远超出预期。普通投资者"风险规避"的天性，加剧了这种过度重视新信息的倾向——他们对金融损失的感受倾向比同等收益更强烈。风险规避可能会导致股价对负面消息做出不成比例的反应，因为投资者过分低估了不利新信息对证券价格的影响。

❖ 欺骗手段 ❖

> 推理永远不会让一个人纠正错误的观点，因为他从来没有通过推理获得过这种观点。
>
> **——乔纳森·斯威夫特（Jonathan Swift）**

正统金融理论家宣称，股市是无懈可击的效率典范。不过，凯恩斯证明事实并非总是如此。股市很容易出现信息瀑布——仅仅因为动量占据了市场，股价就会朝一个方向或另一个方向滚雪球——而且，更根本的是，投资决策在一定程度上会受到不可避免的非理性因素的推动。正如凯恩斯指出的那样，由于不确定性这一不可回避的事实，"各种各样的考虑因素都参与了市场估价过程，而它们其实与预期收益毫无关系"。

仅举一例，法国作家马塞尔·普鲁斯特（Marcel Proust）在 20 世纪初虽然很富有，但深受神经衰弱的困扰。他的一位传记作者这样记录他：

……做了许多毁灭性的投资，但拒绝听从他的银行家的意见……他购买一只股票，往往是因为它有一个富有诗意的名字［如"坦噶尼喀铁路"（The Tanganyika Railway）、"澳大利亚金矿"（The Australian Gold Mines）］。事实上，这些股票是他渴望去异国他乡旅行的替代品。

就像托尔斯泰笔下的不幸家庭一样，所有非理性的投资者都有他们自己的非理性方式。普鲁斯特在他无菌空旷的软木贴面卧室里做出了购买股票的决定，购买原因仅仅是因为公司的名字唤起了他的美好情愫，它们就像他的用茶水浸泡的玛德琳饼干一样，让他浮想联翩。其他市场参与者也许不那么像普鲁斯特一样充满诗情画意，但可能同样会受到股票价格认知趋势的影响，受到一个扣人心弦的公司创建故事的影响，或者受到隔壁那个家伙在做什么的影响。

凯恩斯对股市的看法与正统金融理论截然相反。正统金融理论就像读者在参考书中看到的那样，"投资者对公司的现金流以及他们有权享有的那部分现金流毫不关心"。在古典理论的虚构世界中，股市被设想为一个永不犯错的机器，用来反映证券未来收入的现值。现实世界的复杂情况，如不确定性和投资者信心的状况，为了理论上的优雅而被轻易地忽略了。正统理论不承认动物精神的病毒可能会感染股市这台机器，导致它产生的数字可能与真实价值的任何合理评估都大相径庭。

❖ 紧急状态 ❖

> 在某些情况下……人们聚集在一起时表现出的新特征，与这些人单独表现出的特征是截然不同的。
>
> ——古斯塔夫·勒庞,《乌合之众》

经济学一直受到"硬"科学发现的巨大影响：牛顿物理学的钟表精度，在古典理论对世界的机械主义概念中得以反映；达尔文的适者生存学说启发了维多利亚时代的单方面自由贸易政策；爱因斯坦匪夷所思的相对论则反映在凯恩斯主义的世界中，在这个世界中，货币——就像时间一样——有时不仅仅是一个不活泼的、无关紧要的东西。然而，凯恩斯认为，经济学至少在一个关键方面似乎与科学产生了背离。他坚称，"在物理学中出色发挥作用的原子假说，在经济学学科中却失灵了"，因此：

　　我们处处都面临着有机统一性、离散性和不连续性的问题——整体不等于部分之和，对数量的比较让我们感到失望，小变化会产生大影响，同样的和同类的连续统假设不成立。

　　正如凯恩斯所指出的那样，经济表现出所谓的"涌现属性"（emergent properties），即一个系统中复杂的、有时是不可预测的、集体的行为，而这种行为是通过系统的各个组成部分之间的多种相互作用产生的。

　　在微观经济学的原子世界中的行为，不能总是以此类推应用于宏观经济学领域，即对总量的研究。凯恩斯关于"合成谬误"（fallacy of composition）最有名的例子当属所谓的"节俭悖论"（Paradox of Thrift）——它指出，储蓄对个人是好事，但是如果所有人都增加储蓄，那么总需求将下降，最终导致居民总体的储蓄减少。同样，股市——自由市场体系最纯粹的表现形式之一——有时也会表现出涌现属性，即个体行为变异为群体的非理性行为。即使对凯恩斯这种多才多艺和卓尔不群的人来说，股市的机制也实在是太庞大和太复杂了，难以对其进行预测。

❖　情感教育　❖

> 不要试图抄底逃顶。这是不可能做到的——除了骗子。
>
> ——伯纳德·巴鲁克，
>
> 《在股市大崩溃前抛出的人：巴鲁克自传》

　　凯恩斯最终得出结论，由于股市彻头彻尾的变幻莫测和错综复杂，如若采取短期的"动量投资"方法，很少能让其追随者在财务上取得成功。正如他在1938年5月向一位同事承认的那样：

　　　　我只能说，我是信贷循环投资的主要发明者，并亲眼看见了在近20年跌宕起伏的时间里，5个不同的团队在细节上尝试了截然不同的路线，但我没有从中看到一个成功的案例。

　　凯恩斯认为，信贷循环不仅要求"异常的先见之明"，需要"非凡的技能才能从中获益最大"，而且这种必然积极的投资政策带来的交易费用，往往会侵蚀交易利润。他在给国王学院财产委员会的一份备忘录中，就这一主题进行了详述：

> ……我很清楚,（在商业周期的不同阶段）全仓卖出和全仓买入股票的想法,由于各种原因是不切实际的,实际上并不可取。大多数想这么做的人,要么卖出太晚,要么买入太晚,而且频繁地卖出和买入,会带来沉重的支出,并形成过于不稳定和投机的心理状态……

凯恩斯意识到,面对市场的疯狂,个人是无能为力的,这也促使他的投资方法发生了彻底的改变。在大崩盘之后,他完全颠覆了自己的投资原则,从一名投机者转变成投资者——他关注的是股票未来可能的表现而不是过去的趋势,是预期收益而不是卖价,是特定的股票而不是更广泛的指数,并且依靠自己的判断而不是市场的判断。简单地说,凯恩斯从市场择机者转变为价值投资者,寻求从市场波动中获利,而不是参与到市场波动中。

第 **7** 章

❖

游戏玩家

✧ 郁金香狂热 ✧

> "在这种场合里最好是群众怎样做你就怎么做。""但是
> 如果有两种群众呢？"斯诺德格拉斯（Snodgrass）先生
> 提出意见。"那就跟着大多数人做。"匹克威克（Pickwick）
> 先生回答。
>
> **——狄更斯，《匹克威克外传》**

"郁金香狂热"见证了动物精神的病原体袭扰了最不动感情的人，即 17 世纪的荷兰公民。正如查尔斯·麦凯（Charles Mackay）在他的人类愚行总记录《异常流行幻想与群众疯狂》（*Extraordinary Popular Delusions and the Madness of Crowds*）一书中所回忆的那样，"占有郁金香的狂热"是如此强烈，以致：

> 贵族、市民、农民、机械师、海员、男仆、女仆，甚至烟囱清扫工和卖旧衣服的老妇人，都涉足了郁金香。各个阶层的人都把财产换成现金，并投资于花卉。

对这些外来植物的投机热潮如此高涨，使得商人们开始

出售他们甚至还没有种植的郁金香球茎的权利，这也是期货
合约的早期版本。这一创新——被那些未受狂热影响的人轻
蔑地称为炒作或"风中交易"（windhandel）——由于交易对
象从实物商品转向了虚拟商品，在无形中也刺激了更多的投
机行为。

"碎色"郁金香——色彩炽热、绚烂夺目的栽培品种——
是最有价值的。到 1637 年年初，一株"永远的奥古斯都"
（Semper Augustus）的球茎——其血红色的火焰在纯白色的映
衬下显得格外鲜艳——售价与阿姆斯特丹运河边的一栋大房
子的售价是一样的。这些珍贵的郁金香之所以能长出色彩斑
斓的花朵，竟然是由一种病毒引起的。而且，人们后来发现，
正是这种病毒既让花朵赏心悦目，也让它们脆弱不堪。正如
麦凯所解释的那样：

> 当它因栽培而变得脆弱时，（郁金香）在花商眼
> 中就会变得更讨人喜欢……因此，郁金香作为文化
> 的代表作，越是美丽，就越是脆弱。所以，即使有
> 炉火纯青的技术和无微不至的呵护，也很难将其移
> 植，更别提让其存活。

最终，荷兰的郁金香狂热不可避免地以一种最令人惊叹

的方式退却了。1637 年 1 月还能卖 5000 荷兰盾的球茎，一个月后只能卖到 50 荷兰盾。荷兰法院准确地判断出了这种昙花一现的现象出现的原因——认为这些交易不过是赌博行为而已，他们拒绝强制执行尚未履行的销售合同。

郁金香狂热——除了对困扰市场的周期性非理性进行了又一次展示外——也大致为金融交易提供了一个隐喻。就像郁金香一样，它的精致和脆弱是相辅相成的，股票市场越是高度发展，它就越容易感染动物精神。正如凯恩斯在《通论》中指出的那样，当"投资市场的组织得到改善时，投机占主导地位的风险也会增加"。

在抛弃了投资者作为理性的计算机器对风险加权的预期现金流进行求和的虚构之后，凯恩斯在《通论》中继续识别他认为会损害市场效率的其他因素，这些因素主要是由金融交易的日益复杂造成的。凯恩斯认为，当有鉴别能力的投资者"由于人数太少，以至于他们的行为不能支配市场"时，证券交易所就会呈现出"游戏玩家"的特征，表现出过度的短期行为，并呈现出两极化的倾向。

❖　民主的危险　❖

> 我不想加入任何愿意接纳我为其成员的俱乐部。
>
> **——格劳乔·马克斯,《格劳乔和我》**

凯恩斯是个不折不扣的精英主义者,他认为股票投资的日益大众化对系统的稳定性产生了不利影响。

凯恩斯认为,"流动的"金融交易——交易成本低且对所有人有效开放——鼓励了业余投资者的进入,而这些投资者"对问题企业的实际或潜在情况,并不具备专业知识"。

他认为,缺乏对标的企业(underlying business)的真正了解,增加了股市的反复无常和对新信息反应过度的倾向,"因为没有坚定的信念根基来使(估值)保持稳定"。凯恩斯还哀叹道:

　　……金融交易以其连续报价和随时将投资货币化的潜力,为个人提供了一个频繁地改变资金使用的机会。这就好比一个农民在吃完早餐后,利用他的晴雨表,可能决定在早上10点到11点把他的资金从农场经营中撤离,然后在本周晚些时候又考虑是否应该再把资金投入农场经营中。

更大的流动性，更低或零交易成本，以及互联网和手持设备的出现，使今天的股票交易变得更加便捷，并因此进一步加剧了资本的疯狂流动。这些因素也使股票变得越来越抽象，与它们所代表的企业脱节——"一个抽象的概念，一个名字，一个可以与一定数量的金钱互换的符号"，如同一位评论家对郁金香在 17 世纪狂热时期发生变化的描述。许多市场参与者认为，股票不过是电脑屏幕上的一个数字或智能手机上的一个图标——仅仅是一个脱离了标的企业的交易筹码，而不是企业本身的部分权益——这进一步激起了他们的投机心态。

❖ 短期为王 ❖

> 世俗的智慧告诉我们，常规方式的失败，比非常规方式的成功，更有利于声誉。
>
> ——凯恩斯，《通论》

有个故事讲的是两个猎人疯狂地在森林里乱窜，试图躲避一只脾气极坏和特别敏捷的熊的袭击。逃跑途中，一个人停了下来，把手伸进背包，然后换上跑鞋。另一个人告诉他，他简直疯了——就算穿上跑鞋，他也不可能跑得过熊。"我不用跑过熊，"他回答道，"我跑过你就行。"现代股票市场也存在类似的动态，对基金经理和其他金融机构进行评估时，主要是看他们与同行相比在短期内的表现，而不是参考他们长期的绝对投资表现。这种对标实践自然会鼓励基金经理聚焦短期表现——即使这些机构自身不受大众疾呼的影响，其单位持有人（unit-holders）也可能不具备同样的忍耐力。

有效市场假说指出，尽管一些股市参与者可能不具备像斯波克（Spock）❶那样的理性和冷静，但聪明的钱还是会采取行动来控制任何定价异常现象。凯恩斯对这种观点不予理会，认为这只不过是一种便利的假设而已：

> 人们可能会认为，由于顶尖专业人才的判断力和知识都要超过普通私人投资者，因此他们之间的竞争会修正无知的个人的胡思乱想。然而巧合的是，专业投资者和投机者的精力和技能主要用到了其他地方。因为这些人中的大多数人，主要关心的其实

---

❶ 美国电视剧《星际迷航》的主角之一。——编者注

不是对一项投资在其整个生命周期内的可能收益做
出卓越的长期预测，而是比公众稍微早点预见到传
统估值基础的变化。

在实践中，专业投资者很少接受正统理论赋予他们的市
场监督者的角色。正如凯恩斯所指出的那样，即使在所谓的
成熟投资者中，也存在着他们需要服从的压倒性的制度压力：

> ……无论投资基金是由委员会、董事会还是银
> 行管理，最能促进公共利益的长期投资者，在实践
> 中反而会招致最多的批评。因为在普通大众的眼中，
> 他的行为从本质上来说应该是异乎寻常的、非常规
> 的、鲁莽的。如果他成功了，这只会证实普通大众
> 对他鲁莽的看法；如果在短期内他没有取得成功
> （这很可能会发生），他也得不到太多的怜悯。

与广大投资者一样，基金经理往往更关心的是业绩不要
比别人差，而不是把业绩做得更好。在实践中，对于更加反
复无常的投资者，他们并没有提供一种抗衡力量——实际上，
他们在很多情况下其实放大了投资者非理性的波动。

许多机构的投资经理之所以强化对短期业绩的关注，是

因为另外两个因素的存在——一个因素是把"总收益"作为业绩指导的重点，另一个因素是"指数追踪基金"。总收益的衡量标准——包括股息支付和某一特定股票价格的上涨或下跌——通常由未实现的资本利得或损失所主导，这样他们就将注意力再次集中到股价的短期波动上。指数追踪基金——通过持有代表性的股票组合来复制市场表现的投资工具——通过强化市场的趋势而加剧了市场的超调倾向。指数基金是卓越的动量投资者——当一只股票的价格相对于大盘上涨时，它们会自动买入更多的股票，而当其价格下跌时则卖出——从而加剧了市场超调，进一步削弱了金融交易所谓的效率。

❖ 两极熊市 / 两极牛市 ❖

（双相情感障碍）是……以反复发作为特点的……其中……情绪和活动水平受到严重干扰，这种干扰在某些情况下表现为情绪高涨、精力旺盛和活动增加（躁狂症……），在其他情况下则表现为情绪低落、精力不足和活动减少（抑郁症）。典型的情况是，患者在两次发作之间通常会完全恢复。

——世界卫生组织,《精神与行为障碍分类》

凯恩斯指出，股市可能会随着投资者的心理变化而产生剧烈波动，容易受到信息瀑布的影响，导致超调，过度关注近期的价格表现，而且到处都是对交易的股票"缺乏专门知识"的投资者。有位金融市场从业人员对凯恩斯相当偏颇的看法表示赞许，他就是美国投资者和学者本杰明·格雷厄姆（Benjamin Graham）。格雷厄姆和凯恩斯一样，在大崩盘中损失惨重，其股票投资组合在大萧条时亏损幅度近 75%。又和凯恩斯一样，经过这次亏损——加上在华尔街工作时的观察所得——促使格雷厄姆深入思考金融交易及其弱点。

格雷厄姆认为，股票市场定期受到投资者情绪钟摆式波动的影响，当一只股票的报价明显偏离其潜在价值时，那么这些波动有可能会被理性、耐心的投资者所利用。

> ……对真正的投资者来说，价格波动只有一个重要的意义。它们为他提供了一个在价格急剧下跌时明智地买入，在价格大幅上涨时明智地卖出的机会。

为了阐明他的论点，格雷厄姆提出了一个思考股市的新方法。他鼓励投资者想象他们是在和一个人打交道，这个人在每个交易日都会以给定的价格买入或卖出股票。正如格雷厄姆所解释的那样：

> ……"市场先生"的确是非常乐于助人的。他
> 每天都会告诉你，他认为你的股份值多少钱，并进
> 一步提议，你可以据此价格，买入剩余的全部股份，
> 或者把手中的股份卖出。

"市场先生"通常是一个相对稳定和理性的实体，以接近其真实价值的价格进行股票交易。然而，"市场先生"有时会陷入躁狂症或抑郁症，被一条负面消息吓得惊慌失措，或被明显的积极动态激动得兴高采烈，或过度关注短期因素而忽略了大局。当"市场先生"让他的"热情或恐惧退潮"时，格雷厄姆注意到，"他向你提议的价值在你看来还真有点愚蠢"。

格雷厄姆暗示，股市有时可能是神经质的、偏执的、目光短浅的，并会受到躁狂症或抑郁症的折磨——如果它是个人的话，就得对它进行药物治疗了。然而，尽管"市场先生"有这样那样的病症和性格缺陷，但他有一个优秀美德，那就是坚持不懈。如果投资者对他的不停诱惑无动于衷的话，他也不会生气，还会在每个交易日不厌其烦地更新买入和卖出证券的报价。格雷厄姆警告说，把"市场先生"当成投资顾问，可能会给投资者带来毁灭性的灾难。当这个可怜的家伙处于非理性发作的阵痛中时，投资者可以对其进行利用——

因为尽管"市场先生"经常疯狂，但他最终会恢复理智，股价会适时回归到其基本价值。

❖ 初始筹码 ❖

> 查理·芒格：如果你把葡萄干和草皮混在一起，它们仍是草皮。
>
> 沃伦·巴菲特：这就是他们让我写年报的原因。
>
> ——伯克希尔·哈撒韦公司年会，2000 年

格雷厄姆的投资公司催生了许多非常成功的价值投资者，其中最著名的就是沃伦·巴菲特。巴菲特是世界上最富有的人之一，但与亿万富翁俱乐部的大多数其他成员不同，他的财富完全是通过股市和对其他公司的投资积累起来的。正如《时代》周刊在刊登巴菲特简介时所指出的那样：

我们在富豪榜上见到过石油巨头、房地产大亨、航运商和强盗资本家，但巴菲特是第一个只通过选股就上了富豪榜的人。

巴菲特从事投资已经几十年了，他的投资表现举世瞩目。自他收购伯克希尔·哈撒韦公司作为投资工具以来的近 60 年中，该公司跑赢大盘 100 倍。这一投资业绩意味着年平均复合回报率超过 20%——这是其他任何大型的长期投资者都无法比拟，只能叹为观止的纪录。

巴菲特和伯克希尔·哈撒韦公司副董事长查理·芒格是投资界的布奇·卡西迪（Butch Cassidy）和圣丹斯小子（Sundance Kid）。巴菲特是一个爱说俏皮话、爱喝可乐的耄耋老人，他用经过字斟句酌的完美隽语传递精辟的金融智慧，而年龄稍长的芒格则陶醉于配角和脾气古怪的角色。巴菲特在致股东的信和在伯克希尔·哈撒韦公司的年会（他将其称为"资本家的伍德斯托克（Woodstock）音乐节"）上，展现出一个不善交际但貌似聪明的美国中西部人形象，对丁风土人情拥有深厚的常识储备。冷静的巴菲特与流行文化中描述的烦躁不安、反复无常的股市参与者相比，简直有天壤之别。

沃伦·巴菲特既不是"华尔街奇才"，也不是"硅谷圣人"，而是"奥马哈先知"。伯克希尔·哈撒韦公司的总部设在内布拉斯加州的奥马哈市——从这里到华尔街和到硅谷的距离差不多，好像巴菲特不愿意与这两个地方走得太近似的。这种定位显得出奇的合适。伯克希尔·哈撒韦公司的这对搭档对传统金融学的许多格言都不屑一顾，他们的投资业绩始

终优于大盘指数，这是对有效市场假说活生生的反驳。他们
是自豪的"卢德分子"，是 20 世纪 90 年代末互联网公司狂
热时著名的节制者，也是极度活跃的当日交易者和一些投资
基金的无情批评者。这是一个鲜明对比的壮举——似乎是为
了强调巴菲特的逆向投资风格和他对周期性劫持市场的金融
狂热的深恶痛绝，在 2000 年年初互联网公司喧闹的那些日子
里，伯克希尔·哈撒韦公司的股价在纳斯达克指数创下历史
新高的同一天跌至 3 年来的最低点。

巴菲特将自己的成功在很大程度上归功于格雷厄姆对股
市行为的洞察力。他接受了格雷厄姆提出的"市场先生"的
类比——经常指的是"不时侵袭投资市场的各种形式的集体
歇斯底里"，也全心全意地采用了格雷厄姆的一些其他原则，
比如在购买证券时，要确保有一个重要的"安全边际"。但在
许多方面，巴菲特的股市理念与凯恩斯几十年前践行的股市
理念更为接近。巴菲特注意到凯恩斯"起初是个市场择机者
……在经过深思熟虑后，转变为价值投资者"，在揣测股市走
势时，他经常会提及这位泰然自若的同行者。

❖ 远离疯狂的人群 ❖

当事实发生变化时，我的想法也会随之改变——你会怎么做呢，先生？

——凯恩斯

　　凯恩斯与信贷循环的决裂，标志着他从投机者到投资者的华丽转身。他将投机定义为"预测市场心理的活动"，投机与"企业经营"或真正的投资是相反的，真正的投资涉及的是"预测资产在其整个生命周期中的预期收益"。投资者关注的是一种证券预期产生的收入，而不是该证券短期内可能的售价。或者，用凯恩斯的术语来说，真正的投资者更关心的是证券的"终极价值"而不是"交换价值"。

　　凯恩斯并不想成为一种市场晴雨表——衡量股市交易是一帆风顺还是风雨交加——他决定以另一种方式利用股市的"牛市策略"和"熊市策略"。他不再试图把握或预期市场的总体运动趋势，反而使用一个特定股票的价值作为他的投资指南。针对一个给定的股票，只有当投资者情绪的钟摆摆得太远，以至于报价明显偏离评估的基本价值时，凯恩斯才会考虑买入或卖出该证券。

正如凯恩斯总结的那样，这种替代的投资政策：

> ……假设有能力挑选出特殊股票，一般来说，这些特殊股票有着比市场领先者的指数涨幅高得多的前景……在我看来，这种做法实际上使人们能够至少像利用信贷循环一样利用市场波动，尽管方式大不相同。市场波动在很大程度上产生了交易机会，而市场波动带来的不确定性则阻止了其他人利用这些交易机会。

凯恩斯意识到，在股市上，从狂热到恐慌可能只有一步之遥。与其试图预测投资周期的拐点，不如采摘偶尔出现在投资者面前唾手可得的果实。

❖ 浪子回头 ❖

> 人的一生中有两个时候不应投机：投机不起的时候和投机得起的时候。
>
> **——马克·吐温，《傻瓜威尔逊的新日历》**

凯恩斯从投机者转变为价值投资者后，他的财富也发生了根本性的变化。与 20 世纪 30 年代初的灰暗岁月相比——他那时"虽然不至于一贫如洗"，却不得不将他最喜爱的两幅画 [一幅画是马蒂斯画的，另一幅画是修拉（Seurat）画的] 挂牌出售——等到《通论》出版时，凯恩斯又变得"非常富裕"。从华尔街大崩盘到 1936 年年底的几年时间里，凯恩斯的财富翻了 60 多倍，1929 年年底的净资产还不到 8000 英镑，仅仅 6 年之后，就增值到了 50 多万英镑。

在财务状况复苏的同时，他又重新回到了当权派的行列，这两件事都同样令人印象深刻。和丘吉尔一样，凯恩斯也是被征召来处理他早已预料到的状况。1940 年，他出任不拿薪水的财政大臣顾问——用他自己的话说，这是一个"半半官方"的职位，负责为战争压力下的英国制定经济政策，职责范围很广。第二年，他被正式任命为英格兰银行的董

事，在接受任命时，他和母亲打趣说，他成为主教只是时间
问题。1942 年，他被册封为贵族，成为凯恩斯勋爵、蒂尔
顿（Tilton）男爵。在战争快要结束的时候，他在布雷顿森林
国际货币会议和与美国的贷款谈判中均担任英国的首席代表，
并担任英国艺术委员会（British Arts Council）的首任主席。

值得注意的是，凯恩斯是在身体极度虚弱的情况下身兼
这些要职的。1937 年年中，就在他 54 岁生日前，他的心脏
病发作，只能待在疗养院里，后来又在乡村别墅里养病康复。
在凯恩斯身体垮掉的同时，1937 年年底和 1938 年出现过一
次短暂而急剧的经济衰退，主要股市随之也又一次经历了严
重的"下跌期"。由于被强制休养，无法参加董事会和投资委
员会的许多会议，在股市又一次哀鸿遍野时，凯恩斯不得不
为自己的股市技巧辩护。在给同事的一系列信件和备忘录中，
凯恩斯阐述了他的投资理念。

正是从这些丰富的书面遗产中，我们提炼出了凯恩斯的
六大关键投资原则。这是一个简单易懂并经受过时间考验的
系统，我们据此可以利用股市的周期性非理性波动。

第

8

章

⋄

寻
找
靓
股

❖ 南海公司泡沫 ❖

> 想让这只股票在真实资本之上再继续上涨，那只能是白
> 日做梦。不管根据什么通俗的算术规则，1 加 1 永远也不可
> 能等于 3.5。因此，所有虚构的价值必须得有人来买单，不
> 是这些人，就是那些人，只不过早晚而已。个人要想免遭损
> 失，唯一的办法就是抓紧将其卖出，这样就让卖得慢的人吃
> 亏吧。
>
> **——匿名的当代评论员评南海公司泡沫**

南海公司在 1711 年成立时，英国对其似乎寄予了优雅
解决许多迥然不同的问题的期望。它可以通过将政府借款转
换为南海公司股票来接管英国不断膨胀的国债，它对西班牙
美洲殖民地的贸易权可以作为与好战的西班牙国王讨价还价
的筹码，而且这个风险项目一旦取得成功的话，有望用大量
的贸易利润填满国库。然而，尽管有来自最高层的支持——
1715 年，英国国王乔治一世担任南海公司的总裁，但公司
并未产生可观的利润，并且无论如何，由于英国和西班牙于

1718 年爆发了战争，实际上等于宣告了南海公司贸易权利的终结。

不过，1720 年 3 月，南海公司在与英格兰银行的竞标中获胜，在另一次"股票换借款"的交易中获得了更多的政府债务，从而使公司获得了重生。为了获得对南海公司有利的兑换比率，发起人大肆宣扬公司的发展前景，并就其与美洲大陆达成的贸易特许权的潜在价值散布了信息。不到半年，南海公司的股价就从 1720 年 1 月的 128 英镑 / 股飙升至 1000 多英镑 / 股。与我们这个时代当日交易者的聊天室一样，南海公司董事们天花乱坠的吹捧行为，得到了报纸这一新兴媒体极度乐观的报道。

整个伦敦都陷入了对轻松赚钱的痴迷之中。塞缪尔·约翰逊（Samuel Johnson）后来指出，"即使是诗人也渴望财富"，他写道，亚历山大·薄柏"冒险拿出了一些钱……有一段时间他甚至以为自己是成千上万人的领主"。虽然他自己也陷入了贪婪的旋涡中，但薄柏还是注意到了歇斯底里的南海公司带来的有害影响，它使平民百姓不再关心日常生活中平淡乏味但不可避免的责任了：

我们没有看到船只卸货，没有看到织布机工作。
所有这一切都被该死的南海公司吞没了。

在不动产交易方面受到限制的妇女，特别热衷于参与股市狂潮。一位女士，即马尔堡（Marlborough）公爵夫人萨拉（Sarah），意识到南海公司的股价与其真实价值是毫无关联的：

> 每一个有常识或者对数字稍有了解的普通人，都会明白就算用尽这世上所有的技巧和花招，也无法做到长期用 1500 万英镑的货币来承载 4 亿英镑的票据信用。这让我觉得，这个项目过一会儿肯定要爆雷，变得一文不值。

公爵夫人——她的曾孙丘吉尔后来说，她拥有"几乎令人反感的常识"——在最高价附近将股票卖出，将当时 10 万英镑的天文数字收入囊中。在接下来的几个月里，她通过向看好后市行情的同行提供大量的担保贷款，继续从他们那里获利。最后，他们并没有沾上公爵夫人的好运气——在法国类似计划失败的刺激下，在由于瘟疫导致通商口岸关闭的惊吓下，也许还受到总体信贷紧缩的影响，南海公司的泡沫最终破裂了。到 1720 年 12 月，股票骤然跌回到原点——在股价图上画出了一条几近完美的抛物线，南海公司的模拟交易价格与年初的水平完全相同。

正如马尔堡公爵夫人精明地观察到的那样，股票交易有时会出现大幅偏离合理潜在价值的价格。近 3 个世纪后，股市仍然很容易出现定价和价值完全背离的情况。像公爵夫人一样，凯恩斯在 20 世纪 30 年代初得出结论，正如他的一位传记作者记录的那样，"算术定律比兴风作浪的谣言更加可靠"，将投资决策建立在严格分析的坚实基础上，比建立在"市场情绪"这种不可捉摸的东西上要好得多。

❖ 不要相信任何人的话 ❖

> 追求永恒运动的人是想无中生有。
>
> ——牛顿

1720 年 7 月，英国议会通过了《泡沫法案》。该法案规定，除非有皇家宪章的特别授权，否则禁止成立股份公司。尽管一些愤世嫉俗的人认为，立法的真正目的是让南海公司获得投资者轻信后垄断市场，但该法案表面上声称是为了遏制南海公司泡沫造成的投机蔓延。在 1720 年年初的疯狂日子里，其他公司的发起人利用"社会各阶层对利益的过度渴求"，试图为价值可疑的项目筹集资金，包括一家"进行一项有明显优势的事业，但没有人知道它是什么"的秘密企业，以及另一家为永恒运动建造轮子的企业。

艾萨克·牛顿在科学探索中是"冷酷无情的理性"的实践者，但在南海公司显露出了非理性的一面。也许1720年夏天南海公司股价的持续上涨，让他以为市场是不可能犯错的，以为英国的确偶然发现了共同的理想黄金国。他和其他许多人一样，陶醉于动物精神作用产生的"不健康的兴奋"之中，在此情况下，"对明天无限财富的希望使（人们）对今天的生活不闻不问，奢侈无度"。

牛顿当时是世界上现存的最古老的科学院——英国皇家学会的会长，但他有时没有遵从该学会那句非常睿智的格言："不要相信任何人的话。"如果牛顿在股票投机时采用了与科学猜想一样的严谨态度，他就会意识到，正如物理学中的某些基本定律规定永动机不可能存在一样，南海公司股价不可阻挡的上涨趋势也是不可持续的。与其随波逐流，不如发挥"他全神贯注并且持之以恒的非凡的沉思能力"（凯恩斯对牛顿如是描述，他认为牛顿的主要优势就在于此），这样他就不会赔得那么惨。就算大致分析一下，牛顿也会得出结论，南海公司的股价上涨完全是投机者集体追捧的结果，与经济基本面根本扯不上半点关系。

❖ 经济学家与百元大钞 ❖

> 　　一天，一位新古典主义经济学家和他的学生在大学的草坪上散步，讨论金融理论的细微之处，这时这位大学生远远看见好像有张 100 美元的钞票在草地上翻滚。这名学生紧走几步，想把这张很快就不见踪影的钞票捡在手里。但经济学家客气地劝阻了这位年轻的学生。"如果真是一张百元大钞，"这位长者说，"现在应该有人已经把它捡起来了。"
>
> ——市场逸事

　　在股市中折戟沉沙之后，凯恩斯确定，价值投资——将投资决策建立在对证券的未来可能收益与它的卖出价进行比较的基础上——是对动物精神定期出现的最好修正措施。价值投资否定了有效市场假说的一个基本原则，断言股票报价和其潜在价值之间的确持续存在分歧。价值投资者喜欢引用经济学家和百元大钞的寓言来夸张地演绎有效市场假说，即在复杂的金融交易中，既不存在迄今未被发现的便宜货，也不存在价格过高的柠檬。

　　正如一些金融评论员所描述的那样，一个有效的金融市场是一个羊群被狼群保护起来，以防被别的狼吃掉的市场。

也就是说，有眼光的投资者会通过竞相抬高明显被低估的股票价格和抛售被高估的股票，从而来缩小报价与真实价值之间的差距。这样做的话，这些股市的义务警员——借用凯恩斯的隐喻，就是鲤鱼池中的梭鱼——在理论上确保了不成熟的投资者不会任由聪明的资金所摆布。正如《公司财务原理》（*Principles of Corporate Finance*）——该书是全球本科生金融课程的基础教材——的作者向读者保证的那样，"在一个有效的市场中，你可以相信价格。它们隐含了每只证券价值的所有可用信息"。

有效市场假说的支持者往往会不遗余力地为他们的理论辩护。例如，他们可能会争辩说，狂热的牛市中价格不断上涨，是由于经济环境中的某项创新或改善——"这次与以往不同了"，他们这样说服自己，因为旧的估值指标被随意抛弃了。例如，美国总统赫伯特·胡佛（Herbert Hoover）回忆起20世纪20年代末，为证明股价过高的合理性而虚构出来的故事：

> 随着乐观情绪的不断蔓延，他们催生了一个叫作"新经济时代"的愚蠢想法。这种概念迅速传遍了全国。他们向我们保证，我们正处于一个新时期，旧的经济规律不再适用了。

很显然，股市参与者有时更娴熟于使之合理而非理性。

正统观念的其他拥护者只是提出了一个循环论证，即价格永远是正确的，因为它们是全知全能交易的产物。有效市场假说表现出的令人欣慰的特性，似乎使一些人忽略了这样一个常识，即金融交易定期会经历非理性变化，届时证券价格会大幅偏离其合理潜在价值。

❖ 加权游戏 ❖

> 当一个人沿着一条死路前行时，坠入悬崖也在所难免。
>
> ——让·巴蒂斯特·萨伊，《政治经济学概论》

有效市场假说的支持者在捍卫股价永远会反映影响证券价值的所有公共信息的观点时，他们屈从于一个荒谬的基本错误。正如沃伦·巴菲特所指出的那样：

由于正确地观察到市场经常是有效的，（许多学者和投资专家）继续得出错误的结论，认为市场会永远有效。这两种观点之间的区别始终存在。

根据定义，价值投资者不接受有效市场假说。这些投资者认为，有时证券的报价会偏离其潜在价值，正是在这种情况下，聪明的投资者会寻求利用由此产生的错误定价。

价值投资者尽管对股市在短期内的有效性持怀疑态度，但他们普遍接受这样的观点，即从长远来看，股市对证券的定价是有效的。正如凯恩斯在写给同事的一封信中所评论的那样，"当人们普遍认识到一只股票的安全性、优秀性和廉价性时，它的价格必然会上涨"。格雷厄姆运用另一个引人注目的类比来说明这一趋势：

> ……市场不是一台称重机，每一股的价值都有一个精确、客观的机制，根据其特定的品质来记录。相反，我们应该说，市场是一台投票机，无数的个人在上面做出选择，这些选择部分是理性的，部分是情感的产物。

股价短期内会围绕真实价值进行震荡，有时震荡的幅度会很大。然而，从长远来看，真相最终会显露出来。正如巴菲特所评论的那样，"市场可能会暂时忽视经营成功的企业，但最终会认可它的价值"。

因此，对价值投资者来说，市场效率是一个时机问题——价值投资者虽然不认可金融交易在短期内总是有效的，但他们普遍接受从长期来看，股市确实是非常有效的"称重机"。正如"指数基金之父"约翰·博格尔（John Bogle）所观察到的那样，"事实是，当感知（短期股价）与现实（公司内在价值）大相径庭时，差距只能以有利于现实的方式来调和"。这应归于一个简单而无可争辩的数学恒等式——随着时间的推移，股票持有人总共能赚到的钱，也只能是标的企业能挣到的钱。动物精神缺乏耐力——它们可能在一段时间内使价格偏离潜在价值，但最终收益和红利这些稳健的现实，将决定企业给所有者带来的价值。经验证据证实了股市在长期内作为一台称重机的有效性。正如一份报告所总结的那样，尽管年复一年的股票行情在很大程度上受到价格变动的影响：

　　对于认真的长期投资者来说，投资组合的价值与红利的现值密切相关。而（最终的）资本增值的现值则会大大减少，变得无足轻重。

❖　逢低买进　❖

> 年收入 20 英镑，如果每年花销 19 英镑 19 先令 6 便士，结果是幸福。年收入 20 英镑，如果每年花销 20 英镑 6 便士，结果是痛苦。
>
> ——狄更斯,《大卫·科波菲尔》

因此，聪明的投资者会寻找出于某种原因，那些报价与合理的收益潜力脱钩的股票。用最简单的话说，价值投资就是投入少回报多的行为：对于股票买方来说，就是确保未来一系列现金流的现值超过购买价格；对于股票卖方来说，就是将超过合理的未来股息的销售收入收入囊中。正如沃伦·巴菲特所总结的那样，价值投资者：

……探索企业的价值与该企业市场价格之间的差异……价值投资者只关注两个变量：价格和价值。

因此，价值投资者关注的是预期收益和红利，而不是短期的价格波动。股票报价仅仅是在确定市场价格是否大大高于或大大低于证券的估值方面，发挥了一个参考点的作用。

在向一位同事解释他的投资哲学时，凯恩斯这样说道：

> 我的目的是购买那些资产和最终收益能力让我感到满意的证券，而相对这些指标来说，证券的市场价格显得非常便宜。

正如凯恩斯所强调的那样，在确定一只股票的潜在价值时，与之直接相关的是其"最终收益能力"。一只股票的"内在"或"基本"价值只是特定证券的预期现金流之和，并根据时间影响对其进行适当的折现。其他通常被认为符合价值投资理念衡量标准的指标——如低市盈率、低市净率和高股息率——充其量是个工具，用来识别可能被低估的股票。然而，从根本上说，最重要的是股票的预期收益能力。

因此，价值投资者采取的是"自下而上"而非"自上而下"的投资风格。也就是说，投资者仔细研究特定的股票，以确定企业的报价和其潜在价值估值之间是否存在差异。其他因素——股价近期是否有上涨或下跌趋势，其他股市表现如何，某个特定行业目前是否是"热门"行业——都引不起聪明投资者的兴趣。正如著名选股人和金融家约翰·邓普顿（John Templeton）爵士所建议的那样，训练有素的投资者应该"买入价值，而不是市场趋势或经济前景"。价值投资者关注的是特定的股票，而不是更广泛的指数，并始终牢记，世上没有无差别的"股市"之类的事情——只有个股的市场。

❖　展望未来　❖

> 未来不会是以前的样子。
>
> ——尤吉·贝拉

在股市上，许多人认为趋势是他们的朋友——最近发生的事情对未来可能发生的事情有很好的指导作用。在国民互助人寿保险公司的一次年会上，凯恩斯在董事长致辞中是这么说的："投机市场……是受恐惧而非预测支配的，是受上次的记忆而非下次的预知支配的。"投机者通常依靠过去的事件——价格动量和感知到的市场趋势——作为买入或卖出的信号。

相比之下，价值投资者——那些仔细研究个股而不是试图为市场测温的人——只关注某一特定证券可能带来的未来收入。这些人不会仅凭对价格在短期内上升或下降的单纯预期就草率地做出投资决定，而是对长期收益的可能表现进行估计，据此评估股价，然后才会做出投资决定。聪明的投资者关注的是股票背后的企业，投机者关注的则是企业之外的股价。价值投资的实践者总是把内在价值作为他们决策的基石——价格只是为投资者提供了一个进入（或退出）的点，如果它与证券的潜在价值估值偏离够多的话。

❖ 美德得报 ❖

> 我仍然相信，人们正在做一件完全明智的事情，也就是说，如果支持内在价值远远超过市场价格，必定会在某个完全不可预测的日期，如期为你带来财富。
>
> **——凯恩斯致地方保险公司总经理，1940 年 4 月 10 日**

布鲁姆斯伯里派的一位与凯恩斯同时代的成员这样评价他，"喜欢便宜货"。尽管他变得越来越富有，对艺术也给予了慷慨的财政资助，但依然以惊人的敏锐眼光关注着自己的财务状况。凯恩斯不惜为了几个便士与商人讨价还价，还会购买大批战争时期的牛肉罐头，因为买一罐只需一便士，他举办的晚宴也因过度节俭而堪称传奇。伍尔夫做过这样的记录，有一次凯恩斯为 11 位客人只上了少得可怜的 3 只松鸡——客人们"在骨头转来转去时，眼睛闪闪发光"，她后来以布鲁姆斯伯里派正规的挖苦人的口吻说道。布鲁姆斯伯里派成员在抱怨松鸡的同时，可能借机嘲讽了凯恩斯，但他们也许忽略了这个人的一个关键点。值得注意的事实不是凯恩斯尽管拥有巨大的财富，但他还坚持买便宜货，而是他的大部分财富正是因为买便宜货才获得的。

在他投资生涯的结束阶段，凯恩斯专门识别"靓股"——那些"内在价值……远远超过市场价格"的股票。尽管凯恩斯声称对任何特定时间点的金融交易效率缺乏信心，但他确实承认，从长远来看，股市会认识到证券的内在价值，并为投资者带来回报。因此，聪明的投资者会关注一只特定股票的未来赢利能力，而不是被整个市场过去的趋势所左右。短期的价格波动，由于动物精神发作而产生的兴奋，股市的心血来潮和潮流，对有鉴别能力的投资者来说，所有这些因素都无关紧要。如果说有关的话，唯一相关的因素是价格与股票内在价值估值之间的差异。

凯恩斯的价值投资理念，使他在 20 世纪 30 年代和 40 年代成功地躲过了动物精神的袭击。与在南海公司狂热期间随波逐流，忽略了在金融领域发挥自己精神力量的牛顿不同的是，凯恩斯运用自己的分析，而不是试图预测市场。在写给以前的学生、国王学院的第二司库理查德·卡恩（Richard Kahn）的一封信中，凯恩斯将他的价值投资理念总结如下：

> 从长远来看，以 15 先令的价格买入 1 英镑的纸币，与以 15 先令的价格卖出 1 英镑的纸币，希望以 12 先令 6 便士的价格回购相比，是一种更安全、更容易获得投资利润的方式。

或者，用十进制的术语重新表述这条格言，我们可以说，最好是以 70 美分的价格买入 1 美元的钞票，而不是以 70 美分的价格卖出 1 美元的钞票，希望随后用 50 美分的价格回购。

我们回到《通论》中选美比赛的类比案例，一名价值投资者——经过深思熟虑后——会选出自己心目中最漂亮的参赛者，而不是试图猜测大众的选择。聪明的投资者始终相信，最终登上领奖台的，必定是最有魅力的参赛者。

第**9**章

❖

安全第一

❖　理性的沦陷　❖

> 宁要模糊的正确，不要精确的错误。
>
> ——凯恩斯

在股市投资领域，凯恩斯认识到，由于未来收益存在不可避免的不确定性，确定股票的内在价值必然是一种模糊的艺术。许多股票分析师在计算中使用"统计炼金术"，并声称可以极其精确地计算出证券的价值，凯恩斯对此颇不以为然。凯恩斯认为，对股票进行精确估值只不过是在这个不可预测的世界中提供一种安慰人心的假象。

和追随他的巴菲特一样，凯恩斯在估算股票内在价值时，拒绝应用产生虚假的精确的方法。他意识到，过度强调量化因素，不仅会淡化可能影响股票价值的非数字因素，而且由于不确定性因素的存在，对股票的所有估值都必然不会精确，充其量落在一系列可能的价值范围内。因此，谨慎的投资者在对一只证券的相对价值进行评估时，都会在一个相当大的误差范围内。价值投资者颠覆了典型投机者的心态，他们像关注潜在收益一样关注不要亏钱——他们关注的是资本回报率，而不是资本的潜在回报率。为了避免遇到他所称的"不中用的东西"——"价值下跌不是由于市场波动，而是由于资本的内在损失造成的"状况——凯恩斯奉行"安全第一"的政策，确保在股价和其感知到的潜在价值之间存在一个保护性缓冲区。

❖ 可能的遗漏 ❖

> 生活是一种艺术，要在不充足的前提下得出充足的结论。
>
> ——塞缪尔·巴特勒,《塞缪尔·巴特勒的笔记簿》

1922 年，凯恩斯在德国为货币改革提供咨询。在一次为柏林的金融和学术精英举办的晚宴上，坐在凯恩斯旁边的是普朗克。因其在量子力学方面的开创性工作，普朗克获得了诺贝尔奖。他向凯恩斯透露，也许是受到慕尼黑一位教授多年前的沮丧看法（在物理学领域，"几乎所有的东西都被发现了，剩下的只是填补几个漏洞而已"）的影响，他曾一度考虑学习经济学。然而，普朗克最终拒绝了加入沉闷枯燥的经济学科学家行列的机会——经济学，他认为，实在是太难了。

凯恩斯后来解释说，普朗克的意思是，经济学是一门"融合了逻辑和直觉"的科学，它对普朗克这种严谨和演绎性格的人来说"极其困难"。虽然没有人记录下来凯恩斯对普朗克言论的回应，但毫无疑问的是，他会就这位教授的洞察力向其表示祝贺。凯恩斯认为，古典经济学在模仿物理科学理论严谨性的过程中误入歧途，紧抓"似是而非的精确性"不放，而牺牲了那些无法量化的"隐蔽因素"。

哈耶克——在大多数其他领域，他站在凯恩斯的哲学对立面——也认同这些意见。在他的诺贝尔奖演讲中，哈耶克指出，"在研究像市场这样的复杂现象时……（许多因素）是很难被完全了解或测量的"。哈耶克注意到，在"科学至上主义"态度下辛苦耕耘的古典经济学家，根本不考虑那些"无法用量化证据证实"的因素，"他们因此很高兴地按照他们能够测量的因素才是唯一相关的因素这一假象行事"。凯恩斯同样对他认为充斥在古典经济思想中的"李嘉图恶习"（Ricardian vice）表示强烈谴责——这种"恶习"将所有的相互关系和所有的行为都具体化为数学公式，并认为定性因素不值得分析而不予考虑。他曾经这样说道："当统计数字似乎没有意义的时候，我发现相信感觉比相信统计数字，通常来说会更为明智！"

❖ 似是而非的起源 ❖

> 世界上有三种谎言：谎言、该死的谎言和统计数据。
>
> **——马克·吐温,《马克·吐温自传》**

　　尽管一只证券未来收益的唯一确定性就是它们的不确定性，但类似的毛病也困扰着股票市场——分析师们郑重其事地运用严格的量化技术对某只特定的股票进行估值，细到一个美分都不放过。伯克希尔·哈撒韦公司的副董事长芒格将这种以牺牲定性因素为代价的量化偏好称为"拿着锤子的人"综合征——"对只拿着锤子的人来说，每个问题看起来都像钉子"。为了对哈耶克的批评意见表示赞同，芒格指出：

　　……实际上每个人都过度重视可以被计数的东西，因为如果这样的话，他们在学术界学到的统计技术就能派上用场；而没有把可能更加重要但难以测量的东西加入进来。

　　似乎人类心理需要这种似是而非的东西，以掩盖投资决策中固有的不确定性。正如弗雷德·施韦德在他对华尔街的怪癖进行经典描述的作品《客户的游艇在哪里？》中所观察到的那样：

> 看来，不成熟的头脑有一种令人遗憾的倾向，相信它唯一奢望是真实的东西最终会美梦成真。在这种情况下，金融未来是不可预测的观念就实在是太令人不快了，在华尔街人的意识中根本没有任何生存空间。

凯恩斯认为，这种虚假的精确在股市中就等同于在黑暗中吹口哨，他指出，"假如想获得心灵的安宁和舒适，我们就得自欺欺人，假装我们不知道自己能预见的东西其实少得可怜"。

精心的定量分析也可能是试图给单纯的直觉披上一件智力上的外衣。经济学家、《非理性繁荣》（*Irrational Exuberance*）一书的作者罗伯特·希勒（Robert Shiller）说，有时：

> ……机构投资者并不认为他们有权力按照自己的最佳判断（往往是直觉判断）进行交易，他们必须有交易的理由，必须有能够向委员会证明这样交

易合理的理由。

复杂而全面的电子表格（用来计算现金流和风险调整后收益、以无懈可击的确定性推导出股票估值）往往只是一个精心设计的托词，旨在为固有的不确定主题赋予虚假的权威。

❖ 身穿大猩猩服装的女孩 ❖

> 并非所有重要的东西都能计算得清楚，也并非每一件计算得清楚的东西，都真的有价值。
>
> ——挂在普林斯顿大学爱因斯坦工作过的书房里的标语

有时被称为"身穿大猩猩服装的女孩"的心理学实验，说明了过分关注一些因素如何会扭曲大局。在这个实验中，测试者先让受试者观看一段两队之间传球的短视频，然后让他们计算其中一队的传球次数。当队员们互相投掷篮球时，一个身穿大猩猩服装的女人轻快地跑到球场上，停下来，面对镜头，捶打自己，然后从镜头中消失。大约一半的受试者说他们压根没有看到这个身穿大猩猩服装的人——他们只是太专注于卖力地计算"他们"队的传球次数了。

同样,过度关注量化数据也会扭曲股票估值。正如格雷厄姆所评论的那样:

> ……精确的公式与极其不精确的假设结合起来的话,能够用来建立,或者说是证明,几乎一个人想要的任何价值……在股市上,数学运算越复杂、越深奥,我们从中得出的结论就越不确定、投机性就越强。

针对这个问题,格雷厄姆自己的解决方案不是减少对量化因素的依赖,而是对潜在的购买标的强加一项更为苛刻的测试。在他所著的《聪明的投资者》(*The Intelligent Investor*)一书中,格雷厄姆建议"读者在买入股票的时候,仅仅买那些卖出价没有远远超过其有形资产价值的股票"。他认为,这样的高门槛,可以确保投资者在买入股票时,有足够的"安全边际"。

❖　对所有简单运算的恐惧　❖

> 芒格：我们这里有这样一种"用手指和脚趾进行简单计算"的风格。巴菲特经常谈论这些折现现金流，但我从来没有看到他算过一次……
>
> 巴菲特：没错。它有点像自动计算出来的。如果你真的要用纸和笔来计算的话，你就离这些数据太近了，就无法思考了。在你拥有巨大的安全边际后，它们就像是一些刺耳的声音。
>
> ——伯克希尔·哈撒韦公司年会，1996 年

在确定一只股票是否显示出必要的安全边际时——内在价值估值和报价之间有足够大的差距——格雷厄姆表现出了他自己独特一面的"拿着锤子的人"综合征。他的估值方法基本上是静态的，主要考虑公司的实物资产价值。这种方法在大萧条之后可能是适用的，在那时，投资者有时以大甩卖的价格抛售股票，公司的大部分价值是由实物资产体现的。但在当今世界，这种方法的实用价值非常有限。据估计，标准普尔 500 指数中的公司，其 80% 以上的市值是由无形资产构成的，如品牌、专利和"人力资本"。

和追随他的巴菲特一样，凯恩斯奉行一种更加动态的估值方法——关注一家特定公司的预期收益。在进行这种类型的分析中，使用的理论工具是"股息贴现模型"。该模型认为，一只特定证券的内在价值是由其在一段时间内的预期股息支付流决定的（需要将其折算成现值）。巴菲特强调了使用这种技术的投资者所需完成的任务：

> 如果你买了一只债券，假设它是一只良好债券的话，你会清楚将来可能会发生什么……假如其息票利率是 9% 的话，你就会知道 30 年后的息票是多少……现在，当你购买一家企业的股票时，你也在购买带有息票的东西，只不过有个问题是，他们没有印制息票利率。而我的工作，就是把息票利率印制到息票上。

与政府债券或公司债券不同，政府债券或公司债券的票息是已知的，到期日是预先确定的，一只证券的预期收入流是无法精确确定的。相反，投资者在确定一只股票的价值时，必须考虑定性因素。巴菲特用一个日常类比来描述内在价值的推导过程：

如果我打算在奥马哈买一家福特汽车经销店，我也会这么做——只不过是在价格上多加几个零而已。如果我想买下这家店——假设我不打算管理它——我会想方设法弄清楚它的经济状况：竞争情形如何？随着时间的推移，净资产收益率可能是多少？就是这个人在经营它吗？他会和我实话实说吗？上市公司的情况也是这样。唯一的区别是，上市公司的总价会更高，你买的只是它们的股份。

确定一只股票的内在价值必然是一门不精确的艺术——就像巴菲特观察到的那样，一只股票的潜在价值或基本价值是"一个不可能精确确定的数字，但对其进行估计却是至关重要的"。

❖ 消极思维 ❖

> 人见利而不见害，鱼见饵而不见钩。
>
> ——中国清代小说家李汝珍，《镜花缘》

因此，内在价值是一个模糊的衡量标准，充其量只是位于一系列可能的区间内。定性因素之所以重要，是因为在计算内在价值时，如果处理得当的话，运用相当基本的分析水平就足够了——正如格雷厄姆所观察到的那样，他从未"见过在对普通股价值进行可靠计算时……会用到简单的算术或最基本的代数之外的知识"。计算内在价值会带来两方面同等的好处：其一是提供了一张清单，这样就能确保投资者将注意力转向所有可能影响证券价格的主要因素；其二是确定了证券价值的实际范围。正如巴菲特所解释的那样：

> 投资者能以一种不精确但有用的方式，在不参考复杂的方程式或历史价格的情况下，看到某些投资的内在风险。

由于这种不精确性在所难免，需要对其进行补偿，就引入了安全边际的概念——用格雷厄姆的话说，就是缓冲区，"用于吸收计算误差或差于常人运气的影响"。价值投资者接受内在价值衡量标准带来的不精确性，寻求识别那些出众的股票，这些股票的潜在价值和报价之间，看起来存在着确凿无疑的巨大差距。凯恩斯把这些股票称为"超级宠儿"或"靓股"，尽管它们可能没有显示出非常明确的内在价值，但它们都有足够的安全边际，这应该是显而易见的。格雷厄

姆和大卫·多德（David Dodd）在他们合著的《证券分析》
（*Security Analysis*）一书中解释了这一概念：

> 用一个普通的明喻来说，在不知道一个女人年
> 龄的情况下，很有可能通过观察就能知道她是否有
> 资格投票，或者在不知道一个男人精确体重的情况
> 下，很有可能通过观察就能知道他是否超重了。

从本质上说，价值投资是一种"消极思维"而不是"积
极思维"的方法——它关注的是下跌风险而不是上涨风险。
通过只选择那些价格看上去比内在价值有大幅折扣的股票，
投资者试图确保有一个潜在价值的"底价"，能够长期支撑股
票的价格。相比之下，投机者主要关注的不是企业的潜在收
益，而是能否以更高的价格把股票抛掉。正如弗雷德·施韦
德所观察到的那样：

> 投机是努力地把小钱变成大钱，可能不会取得
> 成功。投资是努力地防止大钱变成小钱，应该会取
> 得成功。

凯恩斯指出，对于那些被动物精神俘获的人来说，"对最

终会亏损的思考……被放置一旁，就像一个健康人把死亡预期放置一旁一样"。价值投资者在进行投资前非常关注下跌风险，不管从事任何潜在的购买行为，都寻求确保有足够的安全边际。

❖　**选个数字**　❖

> 关注过去实际上对公司是不利的，因为过去是一种记录，而记录是公司局限性的标志……你必须表明你的公司不属于现在，而是属于未来。
>
> ——迈克尔·刘易斯评互联网公司，《新新事物》

对于纯粹的定量方法针对内在价值提出有意义的估值的能力，凯恩斯基本上不抱什么信心。他引用了 19 世纪的新闻工作者沃尔特·白哲特的话，认为"没有一个地方的计算像证券交易所这么精细，计算中使用的数据如此无法触及、基本没有'物质属性'"。因此，在计算股票的潜在价值时，基础是非常脆弱的。对于一只证券的价值，可能大家的意见分歧也很大。

凯恩斯认识到，由于不确定性和定性因素的存在，在评估一只股票的潜在价值时，可以预期的最好结果就是给出一系列的区间。因此，凯恩斯采取了"安全第一"的策略，试图找出那些股价与内在价值估值偏下限范围的数值相比，仍然有很大折扣的股票。他意识到，"事实上，任何投资者的风险大小，主要取决于他对投资环境和投资前景的无知程度"。换句话说，随着预期未来现金流不确定性因素的增加，内在价值测量方法的"模糊性"也随之增加，因此，就需要更大的安全边际。

凯恩斯注意到，有些股票比其他股票更适合对内在价值进行严格的计算，因此更适用"安全第一"的策略。他在《通论》中指出：

> ……在许多个人投资中，其预期收益理所当然地由相对近期的收益所决定……以……公用事业（为例），预期收益中有很大一部分，实际上是由垄断特权，加上按照获取一定利润率而定价的权利来保证的。

巴菲特在写给伯克希尔·哈撒韦公司股东的信中重申了这一点，他在信中评论道："一个企业的未来越不确定，计算结果就越有可能严重偏离事实。"

❖　"一鸟在手"理论　❖

> 毋庸置疑，真正正确的策略是把尽可能高的收入作为目标，而不要太在意资本的估值。
>
> ——凯恩斯致国民互助人寿保险公司首席官，
>
> 1939 年 1 月 19 日

　　价值投资的信条——要求购买的证券具有很大的安全边际——自然会使投资者更加偏爱那些赢利状况相对稳定和可持续的股票。价值投资者对连环收购者——有能力将赢利实绩隐藏在收购背后的"吃豆人"公司——丝毫不感兴趣，也对在未来某个不确定的时间点做出"不切实际的"回报承诺的股票不感兴趣。沃伦·巴菲特以伯克希尔·哈撒韦公司在20 世纪 70 年代初对加州巧克力制造商喜诗糖果公司（See's Candies）的投资为例，解释了他对那些有时被不屑一顾地归为"无聊"的股票的偏爱：

喜诗……当时只用 800 万美元的有形资产净值，每年就能产生约 400 万美元的税前利润。此外，该公司有一笔没有体现在资产负债表上的巨额资产：广泛而持久的竞争优势，使其拥有显著的议价能力。随着时间的推移，这种优势肯定会为喜诗带来重大的收益。更好的消息是，只需少量的增量投资，这些收益就能实现。换句话说，喜诗糖果公司可望在未来数十年内产生巨大的现金流。

凯恩斯在大学时代写过一篇关于英国哲学家和政治家埃德蒙·伯克（Edmund Burke）的论文，他在这篇论文中顺带指出：

我们的预测能力是如此微弱，我们对久远后果的了解是如此不确定，以至于为了未来的不确定优势而牺牲当前的利益，恐怕并非明智之举。

凯恩斯的评论，有点是对"一鸟在手胜过两鸟在林"这句谚语进行了巴洛克式的重述❶。在股市领域，凯恩斯最终也

———————————

❶ 巴洛克式的重述，有巴洛克艺术复杂、浮夸、奢侈的特点，指说话过于注重夸张的修辞。

坚持了这一原则——决定一只股票价值最根本的是"最终收益能力",而不是在未来某个不确定的时期会带来财富的模糊承诺。

同样,巴菲特在将资本投入某一只特定证券之前,坚持要求该证券已"展示出持续收益能力"。他指出:

> 投资的关键不是评估一个行业会对社会产生多大的影响,或者这个行业会有多大幅度的增长,而是确定任何一家公司的竞争优势,尤其是持久竞争优势。

收益——而不是市值、营业收入增长或行业新颖性——最终将决定一家公司的价值,由此也决定其股价。一家营业收入达到 500 亿美元的企业,由于利润率低下,只能赚取一个市场摊位的利润,对于理性投资者来说,这家企业几乎没有什么价值。同样,缺乏可防御的竞争性进入壁垒的公司,可能不会取得可持续的长期收益,因此丝毫引不起训练有素的选股人的兴趣。

✦ 保持优势 ✦

> ……如果我确信资产和收益能力就放在那里的话，我通常总是试图把眼光放得长远一些，准备忽略眼前的波动……如果成功地做到这一点的话，我就既执行了"安全第一"的策略，又实现了资本利润。
>
> **——凯恩斯致地方保险公司董事长，**
>
> **1942 年 2 月 6 日**

与许多同行不同，凯恩斯并没有暗暗渴望把经济学变得与欧几里得几何学一样刻板和严肃。"经济学本质上是一门人文科学，而不是一门自然科学"，他坚持认为，"也就是说，它采用了内省和价值判断"。同样，凯恩斯否认在股市领域需要精确估值，也并不认为能够做到精确估值。不确定性不可避免地存在——对于未来，"我们根本不知道"的事实——再加上影响股票价值但无法量化的因素的存在，意味着确定一只股票潜在价值的任务，必然是一门不精确的艺术。

凯恩斯接受内在价值充其量只能位于一系列价值范围内的观点，因此他针对股票购买制定了一个"安全第一"的策略。考虑到量化和非量化因素，他评估了一家公司的"资产和最终收益能力"，并将整个公司的隐含价值与市场对该公司部分股份的要价进行比较。通过"支持内在价值……远远超过市场价格"，凯恩斯相信他将实现既定目标：既执行了"安全第一"的策略，又最终实现了资本收益。

　　巴菲特与凯恩斯的投资策略非常相似。他接受"评估一家企业的价值，既是一门艺术，又是一门科学"的观点，因此，他主张有一个安全边际——金融减震器——对评估的不精确性进行弥补：

　　　　你还必须拥有相关知识，使你能够对标的企业的价值做出非常笼统的估计。但是，你不要太精打细算。这就是格雷厄姆所说的要留一个安全边际的意思。你不要试图用 8000 万美元的价格，购买价值 8300 万美元的企业。你要给自己留出极大的边际。当你建造一座桥时，你坚持认为它的承载量可达 30000 磅（1 磅 ≈ 0.454 千克），但你只驾驶 10000 磅的卡车通过这座桥。这一原则在投资中也同样适用。

　　股市领域的精确性是一个虚构的概念——由于不确定性的存在，没有人能够精确地对一种证券进行估值。凯恩斯和巴菲特认为，对这种不确定性的最佳回应，是确保在感知价值和报价之间存在一个很大的缓冲区。最终，随着股市重新发挥其称重机的功能时，这种安全边际应该转化为投资者的收益边际。

第 **10** 章

⸪

逆风行事

❖ 盲目追求潮流的人 ❖

> 被道出的坚固自身，未被道出的趋于空无。
>
> ——切斯瓦夫·米沃什，"读日本诗人小林一茶"

有时，凯恩斯反对公认的智慧，而且正如社会改革家比阿特丽斯·韦伯（Beatrice Webb）注意到的那样，不喜欢"所有把人捆绑在一起的普通思想和情感"。他有时把"逆风行事"策略称为逆向投资，这种策略非常符合凯恩斯的性格。打破传统思维，也让他在经济利益上获得了实实在在的满足感。

对于有效市场假说的支持者更为过激的主张，凯恩斯并不认同。相反，他认为在某些情况下，如果"游戏玩家"多，"深思熟虑的人"少，那么报价和股票潜在价值之间可能就会产生持续的分歧。像许多其他活动领域一样，股票可能会受到潮流的影响，被卷入信息瀑布的滚滚洪流中，造成涨得越多的股票越涨，跌得越多的股票越跌。弗雷德·施韦德用他那独特的风格，对这种现象进行了冷嘲热讽：

那些被归为"最好"投资等级的股票，也会在不同时期发生变化。可悲的谬论是，那些被认为是最好的股票实际上只是最受欢迎的——最活跃的、人们谈论最多的、涨幅最大因而也是当时价格最高的。这在很大程度上是一个潮流问题。

证券交易所有时显然不是正统理论家所称的效率典范，因为市场有时会屈服于"基本面的基本面"——在繁荣的牛市中，愿意买股票的人比愿意卖股票的人多；在绝望的熊市中，愿意卖股票的人比愿意买股票的人多。

由于资金流向"热门"股票而远离其他股票，这些乐观或悲观的浪潮所产生的涟漪，甚至影响到那些最初未受投资者非理性因素影响的股票。正如格雷厄姆在《聪明的投资者》中所评论的那样：

> 市场喜欢小题大做，把普通的变迁夸大成重大的挫折。即使仅仅是人们对股票缺乏兴趣或热情，也可能迫使其价格下降到荒谬的低水平。

这种替代效应是特别明显的，例如，在 20 世纪的最后几个月，股民对"新经济"股票的热捧创造了一个双速市场

——许多证券交易所中包括电信（telecommunications）、媒体（media）和科技（technology）概念的"TMT"三位一体股票，在短短几年内就普遍翻了一番，而被人们嘲讽地标记为"旧经济"的股票却在舞台之外原地踏步。

❖ 流行带来的危险 ❖

> 如果 5000 万人说一件愚蠢的事，它仍然只是一件愚蠢的事。
>
> ——阿纳托尔·法朗士

即使是伯克希尔·哈撒韦公司这个秉承头脑冷静和逆向投资价值观念的灯塔，似乎也定期会被潮流玩弄。众所周知，一些个人投资者会购买一两股伯克希尔·哈撒韦公司的股票，仅仅是为了参加股东年会，并聆听巴菲特和芒格·哈撒韦的教导。相反，在 20 世纪 90 年代的最后几年，伯克希尔的股票不那么受人追捧了，结果有段时间的表现竟然不及市场大势，这在其公司历史上实属罕见。

伯克希尔·哈撒韦公司的经历是典型的。某位行家因为看好一只股票的某个特殊属性，因而率先将其买入——在伯克希尔·哈撒韦的案例中，这个特殊属性就是它的价值投资理念取得了巨大的成功。随着对该股票的热情在更广泛的市场中渗透时，投资者也踏上了这一波潮流，股价可能会超过任何合理的内在价值估值。当股票不可避免地失宠时——伯克希尔·哈撒韦公司在 20 世纪 90 年代末就遭遇了这种情况，当时投资者抛弃了旧经济股票，而选择了早期互联网公司翱翔的蓝天——股价在下行时会"矫枉过正"。

类似的历程——尽管要夸张得多——曾于 20 世纪 20 年代末和 30 年代初在华尔街出现过。1924 年，当埃德加·劳伦斯·史密斯出版他的开创性著作时，他的主要结论——通过对留存收益进行运作，股票实际上成了"复利机器"——开启了投资者对普通股的狂热追逐浪潮。美国的股票——随着时间的推移，以前无论是上涨还是下跌，都没有表现出强劲的趋势——在劳伦斯的研究成果发表后的 3 年时间里，年上涨幅度达到了约 30%。投资者被这些令人眼花缭乱的股票搞得头晕目眩，然后市场就突然失衡并崩溃了。正如巴菲特说的那样："1925 年少数人出于正确的原因买入的股票，在 1929 年由许多人出于错误的原因而买入了。"股票是一种充满矛盾的怪物：当投资者对其避之不及时，它们会带来最大的回报；而当投资者对其趋之若鹜时，它们又会带来最大的潜在危险。

❖　恐惧因素　❖

> 我们的不信任是非常昂贵的。
>
> ——拉尔夫·沃尔多·爱默生,《论自然》

股市虽然深受不确定性的困扰,但因为不确定性而存在。正如约翰·肯尼思·加尔布雷斯所指出的那样:

> 如果有人能够准确无误地知道……股票和债券的价格会发生什么变化,那么有这种福气的人就不会把他的信息告诉别人或卖给别人;相反,他会自己利用该信息。在一个不确定的世界里,他对确定性信息的垄断会为他带来巨额利润。很快他就会拥有所有可互换的资产,而所有与他作对的人都会屈服。

简单地说,由于不存在确定性,所以金融市场才会存在——市场既是交换观点的场所,也是交换资本和证券的场所。

凯恩斯意识到,当不确定性因素很多,进而大家对一只股票价值的观点大相径庭时,定价完全错误的股市获得的筹码是最多的。正如他对一位同事解释的那样，"投资的艺术，如果有这门艺术的话，就是利用广为流传的错误观点"。在提出这一观点时，凯恩斯重复了芝加哥大学学者弗兰克·奈特（Frank Knight）的见解。奈特指出，世界上有两种类型的不确定性，一种是概率是可以测量的，他称为"风险"，另一种是模棱两可、无法量化的，这是真正的不确定性。我们可以为"风险"赋予一个概率值，比如抛硬币时投出头像的概率是二分之一，或者掷骰子时掷出特定数字的概率是六分之一，而"不确定性"则是完全无法测的。奈特断言，在自由企业制度中，只有真正的不确定性——"对未来的无知"，正如他描述的那样——才能不断创造出潜在的赢利状况，因为从理论上讲，可以量化的风险应该已经被纳入资产的定价中。

因此，那些希望从股市中获利的投资者是那些接受不确定性的人。正如凯恩斯指出的那样，"正是因为特定的个人投资者对形势做出了准确判断，自身能力又强，能够利用不确定性和他人的无知……才会出现巨大的财富不平等现象"。就股票而言，不确定性可能归因于看不清某一特定公司的商业前景，对股市或总体经济状况普遍感到担忧，或者是这些因素的一些组合。价值投资者——由于认为安全边际对自己有利——会利用不确定性，而不是被它吓倒。

❖　是杂货店而非香水　❖

> 人们总是鼓错掌。
>
> ——霍尔登·考尔菲尔德，J.D. 塞林格
>
> 长篇小说《麦田里的守望者》的主人公

　　股市——自由市场体系的典范——经常会混淆经济学的一个基本原则。当一只股票的价格上涨时，对该股票的需求往往会增加，这常常只是因为价格上涨了。同样，当一只股票的价格下跌时，对该股票的需求往往会减弱。这样一来，市场就暴露了它的真实面目——在"游戏玩家"的影响下，股市参与者主要关注短期的价格变动，而不是长期的赢利状况。针对这种行为，巴菲特从逆向思维者的角度，提出了一个现实检查的思路：

　　……许多（希望在一生中成为净买家的投资者）在股价上涨时变得欣喜若狂，而在股价下跌时又变得郁郁寡欢。他们对食品价格没有表现出这种困惑：他们知道自己将永远购买食品，所以他们欢迎食品价格下跌，反对食品价格上涨（不喜欢价格下跌的

是食品卖家）。

如果把股票看成支付股息的工具，那么投资者就不会害怕股价的修正。事实上，交易价值下降应该被看成利好，因为它让投资者在股息与期初支出的比例方面获得更高的"性价比"。只有投机者——那些把股票视为交易性资产的人——通常会对股价下跌持否定态度。价格理论和效用最大化的原则认为，理性人会倾向于东西越便宜，购买得越多。对于股票来说，价格和需求往往是相关的，因为大多数人认为的"回报"是资本利得，而随着市场价格的下跌，获得交易收益的希望也相应变得渺茫了。

凯恩斯的大部分投资理念正是以这种心理怪癖——市场受短期价格模式影响的趋势——作为基础。在讨论美国股市的普遍趋势时，他对一位同事评论道：

美国投资者很少有人会为了 6 个月后发生的事情而买入股票，尽管 6 个月后发生事情的概率非常高。正是由于利用了这种心理特征，所以大多数人都赚到了钱。

价值投资者关注的是长期收益，而不是短期的价格瀑布。

正如格雷厄姆指出的那样，聪明的投资者买股票就像买杂货一样，而不是像买香水一样——价值是关键的考虑因素，而不是乌合之众一时的热情。

❖ 亲吻蟾蜍 ❖

> 如果在周围的人都失去理智的时候，你仍能镇定自若保持冷静……那么他们也许知道一些你不知道的事情。
>
> ——市场格言

坚持价值投资策略——将投资决策建立在对内在价值而非价格动量的分析上——意味着价值投资者常常站在市场的"另一边"。然而，逆向投资策略并不是简单地、不假思索地反对大众，在别人反对的时候条件反射般地表示支持。盲目的反主流主义的做法和随大流的投资风格一样危险，就像动量投资一样，它放弃了基本的价值分析，而选择了市场时机，并要求投机者去预测像大众心理一样变幻莫测的东西。如往常一样，投资决策应该是由评估某只特定股票相对于其报价的内在价值估值所驱动，而不是由这样或那样的市场情绪来决定。

具有讽刺意味的是，世界上最成功的投资机构伯克希尔·哈撒韦公司因为一次失败的商业投资——一次未能扭转的"转机"，而为自己带来了名声。在 20 世纪 60 年代中期，当巴菲特收购伯克希尔·哈撒韦公司时，该公司似乎满足了许多用于识别潜在低价机会的经验法则——低市净率、低市盈率，等等。但在这种情况下，市场降低伯克希尔·哈撒韦的股价是正确的。正如巴菲特讲述的那样：

> （伯克希尔·哈撒韦公司）生产了美国半数以上的男士西装衬里。如果你穿了一件男士西装，那么衬里很有可能是哈撒韦公司生产的。在第二次世界大战期间，当客户从其他地方买不到衬里时，我们就生产衬里。西尔斯罗巴克（Sears Roebuck）把我们评为"年度最佳供应商"。他们对我们很感兴趣。问题是，哪怕我们每一码多要半美分，他们也不会答应，因为从来没有人走进一家男装店，指明购买使用伯克希尔·哈撒韦公司衬里制作的细条纹西装。

伯克希尔·哈撒韦公司没有议价能力——其产品仅仅是日用品，因此面临着激烈的竞争压力。在收购伯克希尔·哈撒韦公司 20 年后，巴菲特被迫关闭了其最后一家纺织厂。

❖ "大富翁"游戏钞票 ❖

> 宁为有瑕玉，不作无瑕石。
>
> ——中国明代学者焦竑

  伯克希尔·哈撒韦公司早期的不幸遭遇，阐明了凯恩斯和巴菲特学到的一个更为广泛的教训——收购拥有可持续竞争优势企业的股权至关重要，或巴菲特所说的商业"护城河"。伯克希尔·哈撒韦公司最初的业务是纺织品制造，这是一个需要高额资本支出的普通商品类行业，回报率普遍不佳。巴菲特发现，能够获得更好的长期商业投资前景的公司，都拥有坚固的竞争壁垒，如独特的特许经营权、稳定的寡头垄断或驰名品牌。

  巴菲特强调了"经营顺风企业而非逆风企业的重要性"，他建议道，"当一家卓越的公司陷入暂时的困境时"，最终的投资机会就出现了。在这方面，巴菲特背离了他的导师格雷厄姆的做法。格雷厄姆相信通过低价购买一般的企业，他将建立一个广泛的多元化的投资组合，这些股票符合他简单而严格的量化措施，他期望从中有足够多的企业能克服它们的变迁兴衰，最终股价会上涨。相比之下，巴菲特的投资准则更关注定性因素——他寻找的是"具有主导地位的卓越公司，其特许经营权难以复制，具有极大的持久力或某种持久性"。

巴菲特对质量的强调——用合理的价格购买拥有可防御护城河的公司——正好反映了凯恩斯的做法。在他早期发表在杂志上的一篇文章中，凯恩斯这样赞同"蓝筹股"的优点：

> 对一名投资者来说，选定他喜欢的证券类别，这通常是一条好规则……银行股或石油股，或投资信托，或工业股，或债券，优先股或普通股，随便是什么——只买该类别中最好的证券。

大多数所谓的"转机"游戏，为价值投资者提供了非常脆弱的安全边际——基于乐观的"不切实际的"预测方法对未来收入进行预测，其结果始终是高度投机的。对长期投资者来说，优质公司才是更好的筹码。正如芒格解释的那样：

> 从长期来看，一只股票很难获得比其背后的业务收入好得多的回报。如果该企业在 40 年内的资本收益率为 6%，而你持有它 40 年，你的回报率和 6%

差不多——即使你最初是以很大的折扣购买的。相反，如果一个企业在 20 年或 30 年内的资本收益率为 18%，即使你支付了一个看上去很贵的价格，你最终也会得到一个很好的结果。

长期投资者会利用复利的巨大累积力量，从稳定增长的收益中获得比一次性低价购买更大的回报。

❖ 少数派报告 ❖

> 现在已然衰朽者，将来可能重放异彩；现在备受青睐者，将来却可能黯然失色。
>
> ——贺拉斯,《诗艺》

从较长的时间范围来看，经验证据倾向于支持逆向投资策略。许多研究表明，从长期来看，"价值型"股票的表现要优于"增长型"股票。也就是说，那些市盈率和市净率相对较低、股息收益率相对较高的证券，随着时间的推移，为投资者提供了更好的回报。即使是尤金·法马教授，也因为他发现在世界大多数主要交易所中，价值型股票往往比增长型股票带来更高的回报，而成为正统金融理论家中的异端分子。

然而，从短期来看，"动量效应"——价格在一段持续的时间内延续一种趋势——在许多金融资产市场上依稀可见。这种价格持续上涨和价格持续下跌的趋势——是对有效市场假说的进一步冒犯——被归结为许多因素，包括投资者对新信息的惯性调整，职业经理人在财务期结束时对投资组合进行的"粉饰"，以及标的企业周期的缓慢节律。近期对股市动量的解释包括大型科技公司的规模收益递增。大型科技公司从网络效应中获益，随着每一个新客户的加入，企业周围的护城河随之加宽，成功带来了更多的成功。

一般来说，动量效应在短期内最强，而在长期内，占主导地位的是"均值回归"现象。经济学家罗伯特·希勒在引用一项研究时指出：

> ……标准普尔500指数10年的实际收益，与期初的市盈率有很大的负相关性。

希勒简单地解释说，这在实践中意味着，"当市场走高时，它往往会下跌"。行为经济学家理查德·塞勒（Richard Thaler）和维尔纳·德·邦特（Werner De Bondt）对大量表现不佳的股票样本进行研究后发现，"购买暴跌股票的策略……在后来几年里获得了显著的超额收益"，之前"失败者"的股价每年要比之前"成功者"的股价高出约 8%。均值回归——短期内跑赢指数的股票在长期内跑输市场的趋势，反之亦然——可以看成是股市的一种明显表现，即通过最终控制定价过高现象，重申自己是一台称重机而不是一台投票机。

❖ 在大炮声中购买 ❖

> 即使在金融领域之外，美国人也往往过分关注于发现平均意见。
>
> ——凯恩斯，《通论》

凯恩斯在地方保险公司的一位同事回忆道，有一次，投资委员会的一位成员建议购买印度政府债券。"当然可以，"凯恩斯回答道，"但时机很重要。"凯恩斯意识到，正是在不确定性时期，才会产生"靓股"出现的必要条件。

凯恩斯本人利用大萧条期间带来的巨大的不确定性和恐惧，使他的逆向投资策略取得了极大的胜利。1933 年年末，当极度震惊的美国投资者对罗斯福强烈的反公司言论感到畏缩时，凯恩斯开始购买公用事业公司的优先股，理由是这些公司"现在在美国投资者眼中已经彻底过时，而且严重低于其实际价值"。尽管担心罗斯福会将电力公司国有化，但凯恩斯还是买入了大量股份，因为他相信：

> ……美国的一些优先股今天提供了一次偶尔才
> 会出现的极佳机会，即在目前非理性的、不时髦的
> 市场中买入廉价股票的机会。

仅仅在接下来的一年时间里，凯恩斯的净资产就几乎翻了两倍，这主要来自他对华尔街的巨额投资。

同样，巴菲特在另一次股市暴跌中，实现了也许是他最为壮观的逆向投资的胜利。1974 年，当许多专家声称"股市之死"一触即发时，巴菲特买入了大量华盛顿邮报公司的股票。正如巴菲特所解释的那样，由于极度悲观的气氛笼罩着市场，不管用什么合理的方法测量，该公司的股价都被低估了：

> 1974 年，你可以把华盛顿邮报公司买下来，当
> 时整个公司的市值只有 8000 万美元。当时该公司没

有债务，旗下有《华盛顿邮报》（Washington Post）
和《新闻周刊》，哥伦比亚广播公司在华盛顿和佛罗
里达州杰克逊维尔市（Jacksonville）的电视台，美国
广播公司在迈阿密的电视台，哥伦比亚广播公司在
哈特福德（Hartford）/纽黑文（New Haven）的电视
台，加拿大 80 万英亩（1 英亩 ≈ 4046.856 平方米）
林地的一半权益，那里还有一个年产 20 万吨的工厂，
《国际先驱论坛报》（International Herald Tribune）三
分之一的股份，可能还有其他一些我忘记的东西。
我们有成千上万个投资分析师或媒体专家，你从里
面随便找一个问问这些财产值多少钱，他们会说，
如果把它们加起来的话，可能会高达 4 亿美元、5 亿
美元，甚至 6 亿美元。

定价完全错误的筹码——在这种情况下，即使是对关键
资产进行非常基本的加总计算也能证明这一点——往往是在
面临巨大的不确定性条件下被抛出来的。有可感知的安全边
际做坚强的后盾，价值投资者会利用这种不确定性，而不是
被它吓倒。

❖ 人群中的孤独者 ❖

（股市投资）属于这样一个生活和活动领域：胜利、安全和成功总是属于少数人，而不是大多数人。当你发现有人同意你的观点时，请改变你的想法。当我能说服我的保险公司的董事会买入一只股票时，我从经验中得知，那是卖出这只股票的正确时机。

——凯恩斯致一位股票投资者同伴，1937 年 9 月 28 日

凯恩斯是一个反叛的个人主义者，对团队合作极度缺乏自信。他曾开玩笑说，他的主要爱好是"让温顺和平的人们骚动起来，特别是在伦敦金融界里"，而且这个人有时似乎天生无法与大多数人达成一致。凯恩斯——天生的逆向思维者——对按委员会意见进行投资的做法感到很不舒服。在写给伊顿公学财务委员会的一位成员的表面上看是忏悔的信中，他解释道：

我的核心投资原则是与普遍意见相反的，理由是，如果每个人都同意其优点，那么投资成本就会非常昂贵，因此也就没有什么吸引力了。现在，我显然做不到两全其美——投资的要点在于大多数人持反对意见。因此，如果其他相关人员没有足够的信心给我一次机会，那么在这种情形之下，我必须从不平等的战斗中退出来。

凯恩斯发现，如果一个人是人群中的一员时，他的投资收益不可能持续地超越人群，正如格雷厄姆所建议的那样，只有遵循一种"内在健全和前途无量，以及在华尔街不流行的"投资策略，才能在股市上持续地取得成功。与投资委员会的一些同事不同，凯恩斯意识到价值投资是一个事实问题，而不是潮流问题——认为大众有智慧，就好像知识不是用来评估的，而是用来权衡的，这是一条通往业绩不佳的必经之路。

价值投资者几乎都是明显的逆向思维者——如果存在一只价格偏低的股票，就意味着更广泛的市场还没有认识到，或者至少是低估了该证券的赢利潜力。然而，要想进行逆向投资，投资者需要付出更多的努力，而不仅仅是条件反射般地反对市场的主流情绪——你需要成为一名优秀的游泳运动员，从而逆流而上。股市中的投资者必须经过自己的独立分析后，确信标的公司拥有可持续的收益流。沃伦·巴菲特将"一个局部产生癌变（可切除）但拥有卓越商业特许经营权的企业"与"管理者期望并需要努力实现的公司的皮格马利翁效应"的转机区分开来。价值投资者——意识到在所有其他条件相同的情况下，股价下跌将使他们能够以一定的支出获得更多的收益——不会因为价格下跌而感到不安，只要标的企业的赢利前景基本保持不变。聪明的投资者明白，现在不受欢迎的股票，并不意味着将来不会为投资者带来收益。

第 **11** 章

⟡

保持安静

❖ 向紧张症致敬 ❖

> 凡事三思而行，跑得太快是会滑倒的。
>
> ——莎士比亚，《罗密欧与朱丽叶》

凯恩斯的母校剑桥大学国王学院以其中世纪的礼拜堂而闻名于世，该礼拜堂被认为是世界上晚期哥特式建筑的重要典范。亨利·詹姆斯（Henry James）称其为英格兰最美丽的教堂，威廉·华兹华斯（William Wordsworth）将其誉为"精美智慧的辉煌之作……那里光影静止，那里音乐常在"。20世纪30年代中期的一天，凯恩斯带着一项非常具体的任务，大步走进了这个由亨利六世为提高上帝荣耀而建造的、具有超凡脱俗之美的地方。他考察了礼拜堂高耸的柱子和拱形的天花板，但至少在此刻，他并非为了欣赏它们的美学魅力而来。相反，凯恩斯——他最初是个数学家——开始粗略地计算该建筑的容积。他的目的是要确定礼拜堂是否能容纳即将从南美运来的大批谷物。

由于凯恩斯签署了一份夺人眼球的商品合约，他要承担起为整个英国供应相当于一个月小麦消费量的重担。凯恩斯没有选择支付小麦现货价格和合同价格之间的差价——这是结算期货合约的常规方法——而是选择支持他的判断，进行谷物的实物交割，他相信市场价格会上涨，最终超过他的合同价格。在美学对商业的罕见胜利中，凯恩斯想把国王学院的礼拜堂改造成粮仓的不敬计划才得以避免——很显然，该建筑根本容纳不下这批谷物。凯恩斯为了拖延时间，便对货物的质量提出了异议，抱怨说每立方英尺（1立方英尺 ≈ 0.028立方米）的小麦中含有的象鼻虫数量超标了。当谷物被清理干净时，市场价格已经上涨，所以凯恩斯最终赚了钱。

作为早期的一名价值投资者，凯恩斯认为"'保持安静'是我们最好的座右铭"，可以把短期的价格波动作为单纯的"噪声"加以忽略，训练有素的投资者应该耐心等待市场重新成为一台称重机而不是一台投票机。他认为，对非理性大众行为的唯一理性反应，是让"游戏玩家"获得属于他们自己的短期利益，而凯恩斯则对他选定的股票组合实行"保持稳定"的政策。

这种"买入并持有"的策略，不仅是对以未来收益流为基础评估股票的投资理念的合理补充，而且还为长期投资者提供了显著降低交易成本这一不小的优势，并使他们能够获得复利带来的巨大收益。

❖　投机旋涡　❖

> 　　投机者作为稳定的企业流中的泡沫时，未必会造成什么
> 伤害。但当企业成为投机旋涡中的泡沫时，情况就严重了。
> 当一国的资本发展成为赌场活动的副产品时，资本发展工作
> 很可能做不好。
>
> ——凯恩斯，《通论》

　　凯恩斯将"股市玩家"带来的社会破坏性影响，与商品
和货币市场投机者带来的社会破坏性影响进行了对比。凯恩
斯断言，后一类投机者通过在风险情形下提供确定性，提供
了"一种有用的，实际上几乎是一种必要的服务"：

　　　　在风险不可避免的情况下，由有资格或有意愿
　　承担风险的人来承担风险，要比由交易员承担风险
　　好得多，因为交易员既没有资格也没有意愿这样做，
　　而且他们会从自己的业务上分心。

　　相反，正如凯恩斯解释的那样，股市"适当的社会目的"是"将新的投资引向未来收益最丰厚的渠道"。一只股票的价格表现，不仅会影响标的公司在股市上的筹资能力，而且还会影响公司的借贷能力、收购能力，以及公司寻求实施的战略。有鉴别能力的资本主义的一个基本原则是，股市应该奖励那些最成功的企业。

　　只有"企业"投资，即投资决策是根据对一只证券的总预期收益进行估计后做出的，才有利于实现这一社会目的。股市投机——正如格雷厄姆所说，"主要是 A 试图决定 B、C 和 D 可能的想法，而 B、C 和 D 也试图做同样的事情"——只是为了扭曲资本流动，因为它有可能将资本和荣誉从有业绩的企业中转移出去。正如凯恩斯在《通论》中指出的那样，"熟练投资的社会目标应该是击败那些黑暗力量，即笼罩着我们未来的时间和无知的力量"。在凯恩斯的完美世界里，股市中到处都是这样的个人投资者，他们根据"对一项投资在其整个生命周期内的可能收益进行的长期预测"，为了"持有"才去购买证券——而不是像游戏玩家那样试图根据群体心理来预测股市短期波动，随时准备扣动扳机。

❖ 时间充裕 ❖

> 肮脏的锈迹，能把隐藏的宝藏消耗干净，
>
> 黄金如善于利用，却能带来更多的黄金。
>
> ——莎士比亚，《维纳斯和阿多尼斯》

凯恩斯有一种幸运的能力，能够提出符合他个人信念的经济理论。《通论》的主要结论之一——可以通过政府支出来重振死气沉沉的经济——与他"钱是用来花的，不是用来贮存的"观点完全吻合。凯恩斯倡导"在某种程度上实现投资的全面社会化"，反映了他相信在某种情况下，国家任命的政界要员会比乌合之众的市场做得更好。他对股市（与货币市场和商品市场完全不同）投机的看法——与他后来价值投资者化身的身份相一致。此外，凯恩斯仍然有权偶尔参与一下商品市场和外汇市场的投资。

凯恩斯在生前和死后都遭受了许多攻击，人们指责他走的是一种智力扭曲主义路线：他塑造的理论，基本上是为了满足他的个人偏好。然而，在他的辩护中，对社会负责的股市投资——在预期收益的基础上"坚定持有"股票的策略——也恰好是最适合长期创造财富的。长期的投资期限，不仅使投

资者能够不受价格频繁波动的干扰，而且还能使他们避免交易中固有的交易成本对资本的侵蚀。

也许更为重要的是，"保持安静"的理念——将在市场中的活动仅仅限制在那些报价似乎远远偏离内在价值的场合——使投资者能够获得复利带来的巨大收益。复利的作用就像一种金融雪球，如果把资产带来的收益进行再投资的话，这种收益反过来又会带来更多的收益，这样的话，原始资本投入将以几何级数的方式增长。"72法则"巧妙地说明了复利带来的指数级增长。用数字72除以投资收益率，就可以近似地计算出一笔赚取收益的资本，其价值翻倍所需的时间。例如，年收益率为6%的一笔资金，如果进行再投资的话，将在12年内翻倍；而年收益率为9%的一项资产，只需8年就能翻倍❶。

在价值创造过程中，聪明的投资者把时间作为盟友，依靠凯恩斯所说的"复利的强大运作"，而不是市场的变幻莫测。对于"买入并持有"的价值投资者来说，市场中的时间——而不是市场时机——才是重要的。

---

❶ 此处计算公式为72/（年收益率 ×100）。——编者注

❖ 记账错误 ❖

> 证券经纪人：通过买卖基金份额来赚钱的可怜虫。
>
> **——塞缪尔·约翰逊,《约翰逊字典》**

　　凯恩斯甚至从比较年轻的时候开始，就对经纪人和投资经理普遍持不利的看法。在他所著的第一本书《印度的货币与金融》中，凯恩斯反问道：

> 　　……人们用多久才能发现，与社会上的其他雇员在提供有益或难度不低的社会服务时通常得到的报酬相比，是否有必要向伦敦金融界人士支付完全不相称的报酬呢？

　　后来，他建议他的侄子——刚刚踏入投资领域的人——不要理会经纪人的建议。凯恩斯暗示，经纪行业中运作的是一种反向的达尔文主义，最愚蠢的人才能生存下去。"毕竟，"他和需要他照管的年轻人讲道理，"人们知道经纪人会出错。除了内部优势外，如果他们还能提供好的建议，那么他们早就带着一大笔钱退休了。"

伯克希尔·哈撒韦公司的一对搭档与凯恩斯一样，对金融咨询行业感到厌恶。巴菲特幽默地指出："华尔街是唯一一个让开着豪车上班的人从那些乘坐地铁的人那里获得建议的地方。"芒格把凯恩斯拉过来支持他的观点：

> 我和凯恩斯一样，把投资管理描述为一种低微的使命。因为投资管理所做的大部分工作，只是在普通股的永恒体系中变来变去。这些人做的事都互相抵消了。

正如华尔街著名的解密者戈登·盖柯（Gordon Gekko）所解释的那样，总的来说，股市投资是"一个零和游戏——有人赢，有人输"。因此，再加入一层中介机构，必然会减少投资者整体的总回报。

但是，经纪人和投资经理对股市的"游戏玩家"施加了更为隐蔽的影响。恰当地说，经纪人和其他金融中介机构就像鲨鱼一样，需要不断地运动才能生存下去。投资者和经纪人的利益并不一致——经纪人的目标是"鼓励频繁交易"，从而以牺牲投资者利益为代价实现佣金最大化。经纪人不仅鼓励过度交易——"永远不要问理发师你是否需要理发"，巴菲特讥讽道——而且佣金、买卖价差和其他代理成本会严重侵蚀积极投资者的资本金。

❖ 资本的惩罚 ❖

> 避税是唯一值得花上脑力追求的目标，因为能带来回报。
>
> ——凯恩斯

然而，经纪人收取的费用和其他交易成本的确具有一个积极的属性——它们会对过度交易起到一定的抑制作用，鼓励股市参与者在买卖股票之前三思而后行，从而使他们免于承担潜在的更多的惩罚性成本。各种形式的"资本利得税"——对出售资产（包括股票）所获得的利润征收的税款——实际上并不是对资本利得进行征税；相反，它是一种交易税。如果一名投资者持有的股票价格上涨了，该投资者只是对其收益承担名义上的纳税义务——只有当他出售证券时，纳税义务才会得以明确。

"买入并持有"的投资者有时会获得对"长期资本利得"的税收减免——例如，对于持有 1 年以上的投资，税率可能会降低。一方面，除了这种明确的税率降低外，纳税义务递延——由于复利的力量——会对投资者投资组合的税后价值产生重大的、积极的影响。一个积极的市场参与者，每年都对他的投资组合进行调整，就会产生一个年度的纳税义务。另一方面，"买入并持有"的投资者在持有股票期间，只会在理论上承担纳税义务，因此，他的"税前"利得仍在为他效力——实际上，这相当于投资者从税务局获得了一笔无息贷款。由于复利的指数效应，"买入并持有"的投资者在其他条件相同的情况下，将获得明显更多的税后回报。

巴菲特和芒格对过度的市场活动造成的"自我伤害"进行了特别严厉的批评。巴菲特警告说，"极度活跃的股市是企业的扒手"，而查理·芒格则赞扬了将"摩擦成本"降到最低的策略：

> 对于个人来说，如果你做了几笔非常好的投资，然后坐下来等待，它们会为你带来巨大的好处：你向经纪人支付的费用更少，你听的废话更少，而且，如果它发挥作用了，政府的税收体系每年会给你额外的1、2或3个百分点的复利。

正如巴菲特在写给伯克希尔公司股东的信中所指出的那样，"对投资者整体而言，随着交易次数的增加，投资回报反而会降低"。

❖ 永远持有 ❖

> 我现在相信，成功的投资取决于……（除其他因素外）
> 不畏艰险，坚定不移地持有……相当多的股份，也许是几年
> 时间……
>
> ——凯恩斯致国王学院财产委员会，1938 年 5 月 8 日

凯恩斯比大多数人更能理解成功的投机者感受到的那种稍纵即逝但又十分强烈的满足感。在《通论》中，他写道："渴望立竿见影是人类的天性……普通人会以非常高的折现率将远期收益折现。"正是基于这种心理特征——现在被行为金融学同业公会归于"双曲贴现"的病态情况，凯恩斯为他在投资生涯后期在股市上取得巨大成功奠定了基础。长期视野不仅与基于实现被低估的股票潜在潜力的投资策略保持一致，而且这种"稳定性"也使投资者不受交易成本的影响，因为交易成本会严重侵蚀积极投资者的资本。

凯恩斯在《通论》中建议，迫使股市参与者采取长期观点，将治愈他们的短期主义和过度活跃的弊病。"政府对所有交易征收大量的证券交易税，"他若有所思地说，"可能会……（缓解）对企业的投机主导现象。"这个想法后来被巴菲

特采纳,他认为对持有不到一年的股票,应该征收100%的利润税。巴菲特拒绝对伯克希尔·哈撒韦公司的股票进行拆分——该公司的股价在纽约证券交易所是最高的——是他以自己的方式,试图缩减该公司证券的流动性,从而减轻对伯克希尔公司的投机压力。

在探讨股市长期投资方法的优点时,凯恩斯认为:

> ……让一项投资像婚姻一样,除非出于死亡或其他严重的原因,否则将天长地久、永不分离,这可能是对我们当代投资弊端的一个有益的补救措施。因为这将迫使投资者把注意力集中在投资的长期前景上,而且只关注这些前景。

巴菲特在讨论投资策略时,也拿婚姻进行了比拟,称他的股市方法是"我们'至死不渝'的策略",并对伯克希尔·哈撒韦公司"永远持有的决心"进行了评论。正如巴菲特在一封信件中提醒股东的那样,投资者不会因为投资行为得到奖励,而会因为投资正确而得到奖励。

第 **12** 章

⁜

把鸡蛋放在一个篮子里

❖ 逃避平均法则的人 ❖

> 好东西多多益善。
>
> ——梅·韦斯特，电影《我的小山雀》
> （*My Little Chickadee*）中的主演

　　凯恩斯的祖父和他杰出的后裔一样，都是善于谋利的人。他利用英国人对园艺的长期痴迷，从花卉种植业务中积累了一小笔财富。在 19 世纪 40 年代的"大丽花狂热"中，凯恩斯的祖父第一次在金融市场上发了横财。老凯恩斯是一个精明的商人，他只关注最有利可图的花种——先是大丽花，然后是玫瑰和康乃馨。像他的祖父一样，凯恩斯也相信，对少数几个"宠儿"进行大量投资，通常会比不加选择的多样化投资策略能获得更好的回报。

　　凯恩斯因只对少数股票进行大量投资而屡受指责。地方保险公司一名同事对他"大量"购买一家航运公司"特殊股份"的行为进行了批评，凯恩斯对此回应时火冒三丈：

很抱歉，我买的埃尔德·登普斯特航运公司（Elder Dempster）的股票实在是太多了……我……患有严重的妄想症，认为一只好股票比十只差股票更安全，而我总是忘记几乎没有什么人也患有这种特殊的妄想症。我想，现在的股价已经上涨了大约6便士，所以你可以在没有损失的情况下卖掉多余的股票。

凯恩斯以其坚定的逆向思维方式，拒绝了"最佳的股票投资组合是一个广泛多样化的组合"这样的正统观点。传统的金融理论认为市场是有效的，也就是说，所有股票的估值都准确无误，一只股票和另一只股票一样，其价格都有可能因不可预知的未来事件而上涨或下跌。在这个假设的基础上，最好是持有多只股票，以便将任何特定股票随机表现不佳造成的影响降到最低。多样化投资是"不要把所有鸡蛋放在一个篮子里"这一格言在股市中的具体应用。

和追随他的巴菲特一样，凯恩斯并不认同这种方法，他认为一个耐心的、知情的投资者可以选择一小群"极度看好的股票"，它们"有可能比市场领先者指数的涨幅要高得多"。当少数几只"靓股"——或者像巴菲特所说的"超级明星"和"大满贯全垒打"——定期被市场抛弃时，聪明的投资者应该大胆地用相对较大比例的资金投资买入这些股票。

　　因此，在其投资生涯的后半段，凯恩斯保持了极其小型的股票投资组合，他持有的少数几家公司股票的市值，就超过了他股票总市值的一半。由于他对投资组合集中度的信任，凯恩斯获得的投资业绩远远超过——尽管波动性更大——大盘。

❖ 无用的人 ❖

> 我把钱都存起来，这儿一些，那儿一些，哪儿都不太多，以免引起怀疑。
>
> ——朗·约翰·西尔弗（Long John Silver），
> 史蒂文森小说《金银岛》中的海盗

　　投资组合的多样化本质上是一种防御性策略——通过将资金分散在许多只股票中，可以降低表现不佳的股票对整个投资组合价值的影响程度。此外，股票投资组合内的多样化程度越高——即越能代表整个市场，相对于市场表现不佳的风险就越小。这一结果对正统理论家和普通投资者来说都很重要。传统的金融智慧将"风险"定义为投资组合相对于大盘的波动性，因此断言，根据定义，一个多样化的投资组合肯定比更为小型的股票组合的"风险"低。普通投资者通常也是厌恶风险的，并接受"较低的潜在投资组合收益是为减少潜在损失的风险所付出的代价"这样的观点。

尽管凯恩斯本人对平淡无奇的投资结果从来都不会感到满足，但他确实承认，对于一个缺乏股市专门知识的人来说，"将自己的投资尽可能分散到各个领域可能是最明智的计划"。沃伦·巴菲特在写给股东的一封信中重复了这一观点：

> 多样化是对无知投资者的保护。如果你想确保相对于市场而言，不会发生对你不利的事情，你应该把所有的股票都买下来。这样做并没有什么错。对于那些不知道如何分析企业的人来说，这的确是一个完全合理的方法。

凯恩斯认为，对于一个不能或不愿严格运用价值投资理念的人来说，"这样的人自己进行投资应该是不理智的，就像他给自己当医生或律师一样"。

对于这些投资者来说，指数基金——通过建立一个适当加权的股票投资组合来模拟大盘表现的投资工具——提供了低成本参与股市的风险敞口。正如巴菲特向伯克希尔·哈撒韦公司的股东解释的那样，不成熟的投资者想要"成为行业的长期所有者"，就应该：

> ……既要持有许多只股票，又要在不同的时间点买入。例如，通过对一只指数基金进行定期投资，这个一无所知的投资者实际上可以战胜大多数职业投资人。矛盾的是，当"愚蠢的"资金承认其局限性时，它就不再愚蠢了。

此外，投资者定期向指数基金投入一笔固定的资金——一种被称为"美元成本平均法"（dollar cost averaging）的做法——会自动抵消"市场先生"的过度行为。当"市场先生"处于狂热阶段时——此时股价远远高于基本价值，由于每股成本增加，投资者在每笔投资中买到的股数就会减少。相反，当"市场先生"情绪不高的时候——此时股价远远低于基本价值，投资者花同样的钱，就能买到更多的股数。美元成本平均法是一种简单的、自动调节的逆向投资策略，不成熟的投资者据此操作的话，就无须挖空心思地去预测市场情绪了，以免误入歧途。

❖ 如果打得过他们，那就不要加入他们 ❖

> 一个人必须考虑清楚，当他变成一个循规蹈矩的人时，他放弃了一个多么丰富的境界。
>
> ——拉尔夫·沃尔多·爱默生，《爱默古日记精华》

然而，加入芸芸众生的代价是，你永远也不会从中脱颖而出——多样化投资不仅限制了下跌的幅度，而且也限制了上涨的幅度。凯恩斯认为，对于一个充分理解市场的人来说，多样化的股票投资组合是没有任何意义的。他认为，那些能够正确分析股票的投资者，应该只关注潜在的"靓股"，当市场偶尔向投资大众展示这些股票时重仓买入它们。

在投资生涯即将结束的时候，凯恩斯总结道：

……正是由于投资者重仓了自己感到绝对满意的少数几只证券，他才赚到了钱……如果进行多样化投资的话，谁也别想从中赚到什么钱。

同样，伯克希尔·哈撒韦公司的一对搭档也赞同"重仓买入""大满贯全垒打"的想法。芒格对"做几笔优秀的投资，然后坐享其成"的投资策略大加赞赏，而巴菲特则建议：
"重要的是，当你发现（一只'超级明星'），你真的知道自
己在做什么时，你必须重仓买入。"借用巴菲特的一句格言，
"根本不值得做的事情，就不值得做好"：如果股票只占投资
组合总值的很小一部分，那么打进"全垒打"产生的巨大影
响就会大打折扣。

由于许多因素的存在，投资组合的集中化能够产生比多
样化投资更好的效果，包括交易成本较低——随着交易规模
的增加，经纪人收取的佣金会随之成比例地减少——以及潜
在的管理成本较低。但是，要想让知情的投资者认同投资组
合的集中化策略，最令人信服的论据恐怕当属巴菲特在写给
股东的一封信中所表达出来的简单逻辑：

　　我不明白为什么一个（受过良好教育的）投资
者……选择把钱投入他最喜欢的第 20 家企业，而不
是简单地把钱投入他首选的几家企业——那些他最
了解、风险最小、利润潜力最大的企业。

促使人们参与股市投机的那种冲动，也同样激励人们拥
抱多样化——渴望成为芸芸众生中的一员。正如金融家杰拉
尔德·洛布（Gerald Loeb）意识到的那样，广泛多样化的投

资组合"是承认不知道该做什么，并努力达到平均水平"——
对于那些相信自己其实可以对股票进行排名的投资者来说，
选择投资组合的集中化策略是更为可取的。

✦ 保持简洁 ✦

> 智慧就是懂得该忽略什么的艺术。
>
> ——威廉·詹姆斯，《心理学原理》

多样化是投资者向不确定性支付的贡金。多样化实际上
是一种分散风险的策略，而不是降低风险的策略。

凯恩斯对股市不确定性和风险的反应与主流观点是截然
不同的，正如他在写给一个生意伙伴的信中解释的那样：

> ……我的风险理论是，最好是大量持有自己认
> 为有证据表明没有风险的股票，而不是把资金分散
> 投入自己没有同样把握的领域中。

为了避免风险，价值投资者寻找那些安全边际足够大的

证券——也就是说，那些内在价值估值和报价之间有很大差距的股票。

在进行这种分析时，聪明的投资者必然只关注自己能够理解的那些企业。凯恩斯指出，他宁愿选择"一只有足够信息从而能形成判断的股票，也不选择十只知之甚少或一无所知的证券"。他的观点是，聪明的、知情的投资者只会对他们"能力圈"（circle of competence）内的那些行业进行细察，从而减少了他们股票的下跌风险，用巴菲特的话来说，他们只投资于那些有让他们满意的安全边际的股票。投资者之所以明智，是因为他们认识到了自身知识的有限性。

❖　寻找篮子里的洞　❖

> 把你所有的鸡蛋放在一个篮子里，小心地看着篮子。
>
> ——马克·吐温，《傻瓜威尔逊》

自相矛盾的是，多样化投资——就像所有形式的保险一样——实际上会鼓励更加危险的行为。高度多样化的投资者也可能同样觉得，如果风险相对较小，他们就可以在投机性的股票游戏中小赌一把，正如经济学家兼股票经纪人大卫·李嘉图辩解的那样，"我下的是小赌注，因此就算我输了，我也没有什么可后悔的"。或者引用鲍勃·迪伦（Bob Dylan）的话，他是这种现象的现代权威，"当你一无所有时，你就没有什么可失去的了"。

与采取多样化策略的投资者相比，采取集中化策略的投资者在向一只股票投入大额资金前，通常会要求有足够的"舒适边际"（margin of comfort）。对亏损的恐惧会让人集中注意力，投资者如果将自己的很大一部分资金只押在一种证券上的话，那就很有可能会对这种潜在的投资进行严格审查。正如巴菲特所总结的那样，投资组合集中化的策略应该有助于提高"投资者对一个企业的思考强度，以及在买入该企业股票之前对其经济特征感受到的舒适程度"。

因此，只关注少数几只股票不应增加投资组合的"风险"，至少在外行的定义中是这样的——即发生金融损失的可能性。聪明的投资者只会选择那些报价和感知到的潜在价值之间存在最大缺口的股票，也就是说，那些有可能提供最大安全边际的股票，以防长期的金融损失。不可否认的是，虽然小型的股票组合的波动性会比多样化持有股票的波动性更大，但对于关注收益而非资本增值的长期持有者来说，他们并不十分在意短期的价格波动。事实上，价值投资者青睐那些有极端波动潜力的股票，区别在于，这些投资者期望的主要是向上的波动性。对价值投资者来说，应该积极主动地接受和化解风险，而不是对风险心存戒备。

❖ 等待好打的慢球 ❖

> 我把投资称为这个世界上最伟大的事业，因为你永远不用着急挥棒。当你站在本垒板前，投手就会不断地投球过来，每股 47 美元的通用汽车，每股 39 美元的美国钢铁。不会有人判你出局。除了失去的机会，没有任何惩罚。
>
> ——巴菲特，引自《福布斯》杂志

投资组合多样化的策略是人们相信有效市场假说所产生的逻辑结果。正如凯恩斯所指出的那样："认为一种投资形式需要观察，而另一种投资形式就不需要观察了，这样的认识是错误的。投资者参与的每次投资，都意味着其选择站在市场的特定一边。"极端多样化的策略，其核心是投资者的一种让步，即对特定的个人而言，选股是徒劳的——事实上，一只股票和另一只股票一样好。这是一种坦率的承认，即市场比这个人掌握的信息更多。

凯恩斯反对这样的观点：市场总是根据公开信息对股票进行正确的定价，因此，寻找潜在的"靓股"是毫无意义的。他的观点要务实得多，其理论依据是他作为投资者和金融理论家获得的经验：凯恩斯认为，金融交易也许通常是有效的，但并不总是有效的。有时，股市会产生完全偏离潜在价值的价格——"市场先生"也许正处于特别严重的躁郁症发作的阵痛之中，正是在这些时候，聪明投资者大量买入股票的时机到了。

诗人保罗·瓦莱里（Paul Valery）曾问爱因斯坦，是否会随身带一个笔记本记录自己的想法——据说爱因斯坦是这样回答的："哦，那没有必要——我很少有什么想法。"同样，对基本价值打个重大折扣，然后以这样的价格购买优质股票的机会也不多。正如股票投资者和作家菲利普·费雪（Philip Fisher）评论的那样：

> ……讲求实际的投资者通常意识到，他们面临的问题是找到足够优质的投资机会，而不是在太多的投资机会中进行选择……通常来说，杰出投资者不会列出一个非常长的证券清单，只有对自己没有信心的人才会这么做。

凯恩斯同意要想当场找到"极度看好的股票"通常是很难的，他指出，"不管在什么时候，都很难同时找到两家或三家以上我个人充分信任的企业"。

当市场中出现了一只证券，其价格与内在价值相比出现很大的折扣时，投资者就应该重仓买入该股票。芒格在解释伯克希尔·哈撒韦公司进行"重仓买入"的策略时，选择了一个贴近他内心的比喻：

> 在军队服役时打扑克和年轻时当律师的经历，练就了我的商业技能。你必须学会的是，当赔率对你不利时，要及早弃牌，或者如果你的优势很大，要敢于下重注，因为你不可能经常会有这么好的机会。机会会来，但并不常有，所以当机会来临时，一定要牢牢把握住。

巴菲特经常提醒人们，好的投资机会实在太少了，不能白白错过——当一只"靓股"出现时，价值投资者无须恐惧，要敢于掏出大笔的真金白银来支持自己的判断。

❖ 不要抛售"超级明星股" ❖

> 把花拔掉,然后给草浇水,这样做是不会有什么好结果的。
>
> ——彼得·林奇,《彼得·林奇的成功投资》

对于像凯恩斯和巴菲特一样采取"买入并持有"策略的投资者来说,投资组合的集中化是随着时间的推移而自然发生的事情。不出所料的话,投资组合中的一些股票会比其他股票表现得更好,这些"靓股"在投资组合总价值中占到很高的比例。投资组合集中化的策略提醒投资者,不要因为自己在股市中的投资由少数几家公司把控,就本能地想要"重新平衡"所持的投资组合。

巴菲特运用类比对这一观点进行了说明。如果一名投资者拥有许多有前途的篮球运动员 20% 的未来收益权,那些逐步跻身美国职业篮球联赛(NBA)行列的球员,最终将代表投资者的大部分权利金收入。对此,巴菲特这样说道:

如果仅仅因为投资者最成功的投资在他的投资组合中占据了主导地位,就建议他应该卖掉一部分最成功的投资,这就好比建议公牛队将迈克尔·乔丹（Michael Jordan）转队，因为他对公牛队实在是太重要了。

巴菲特提醒投资者，不要因为"超级明星股"的成功而把它们抛售，这是有悖常理的行为。卖出或持有股票的决定，应该完全基于对股票预期未来收益相对于当前报价的评估，而不是基于对过去业绩的衡量。来自行为金融学领域的见解证实，投资者有卖出价格上涨的资产而持有价格下跌的资产的倾向。这种卖掉李子而保留柠檬的偏好——被称为"处置效应"（disposition effect）——是双重非理性的，理由是：由于股市上司空见惯的短期价格动量，上涨的股票往往会在短期内持续上涨。

❖ 把鸡蛋放在几个篮子里 ❖

> 坏消息出现时，（我的投机头寸）一半上涨，一半下跌，好消息出现时，亦是如此；所以我有所谓的"均衡的头寸"……
>
> ——凯恩斯致母亲，1922 年 9 月 2 日

在竞选国民互助人寿保险公司董事席位的面试中，凯恩

斯大胆表达了这样的观点，即"正确的投资策略是只持有一种证券，在每周召开的董事会上换股"。这一相当夸张的言论，无疑是为了让保守派摆脱对被动的、房地产导向型投资风格的顽固依赖。但是，尽管这有点夸大其词——意在让那些穿着长礼服的绅士们从他们舒适安逸、自鸣得意的状态中惊醒，但它确实在很大程度上反映了凯恩斯对"重点投资"的信心。

然而，尽管凯恩斯对小型的投资组合倾注了全部热情，但他也承认，集中化原则"不应该走得太远"。凯恩斯认为，"均衡的头寸"能维持下去，足以证明在持有的股票中进行一定程度的多样化是合理的。他将"均衡的头寸"定义为具有以下特征：

> ……尽管对单只股票的持有量很大，但要持有各种风险程度的股票，如果可能的话，持有风险方向相反的股票（例如，在持有其他股票的同时，持有黄金股，因为当市场出现总体波动时，黄金股可能会朝相反的方向变动）。

如果一个投资组合中的股票具有相反的风险特征——再举一个例子，投资组合中既有石油生产商的股票，又有航空公司的股票——通常可以抵消，至少是部分抵消某只股票因不可预见和不可预测的冲击因素给投资组合造成的影响。

此外，投资者在保持一个集中化投资组合的同时，通过将资金分散投入不同的资产类别——不仅持有股票，而且还对诸如房地产或债券等进行投资——可以获得多样化带来的一些好处。尽管凯恩斯的财富主要集中在股市——他从未拥有过房子或任何其他形式的不动产，而且在他逝世时，他的证券投资组合占其资产评估总值的 80% 以上——但大多数其他投资者都表现出大幅减少对单一资产类别依赖性的偏好。据报道，美国金融家约翰·皮尔庞特·摩根曾这样建议一位因担心自己的股票投资组合而影响睡眠质量的朋友："把股票卖到你能睡着为止。"同样，与凯恩斯的投资组合相比，大多数价值投资者可能会采取稍微广泛的投资组合。

❖ 重仓买入 ❖

> 假设"安全第一"是指在大量不同的方向上进行投资……，而不是在投资者掌握充分信息的一家公司中持有大量的股份，我认为这是对投资策略的歪曲。
>
> **——凯恩斯致地方保险公司董事长，1942 年 2 月 6 日**

在构建小型的投资组合时，凯恩斯强调的是股票质量而非股票数量。对于那些自认为对市场，或至少对市场中的某些行业有所了解的投资者来说，关注凯恩斯所说的"极度看好的股票"是有意义的。这一小部分股票——凯恩斯从来没有规定一个确切的数字，巴菲特在一份公报中建议"5 到 10 家定价合理的公司"——就会使用大部分的可投资资金。聪明的投资者——因为他们了解他们所分析的公司，也因为他们需要很高的舒适水平才能证明这种相对较大的支出是合理的——经过认真的分析之后，让自己确信投资不会有太大风险。他们不会仅仅把钱投在他们知之甚少的各种各样的股票上，不会依靠对市场效率的信念，就不对标的公司进行仔细分析了。

那么，"重点投资"不仅是指维持一个有针对性的股票投资组合，而且还指需要评估的股票池内的股票数量是有限的（那些在投资者"能力圈"内的股票），以及严密地对这些股票进行评估。聪明的投资者不会条件反射般地将自己的资金分散到所有的投资机会中，因为正如凯恩斯所指出的那样：

> 把鸡蛋放在许多篮子里，而没有时间或机会去发现有多少篮子的底部有洞，这样做无疑会增加风险和损失。

与传统的金融智慧相反，凯恩斯认为，集中化投资组合应该比多样化投资组合的风险要小，因为投资者只会对他们"能力圈"内的那些股票进行分析，而且在把总资金的很大一部分投入一只股票之前，他们也会要求有一个足够的"舒适边际"。

然而，在写给地方保险公司董事长的一封信中，凯恩斯否定了多样化的教条，他指出：

> 随着时间的推移，我越来越相信，正确的投资方法是将大量资金投入那些你认为自己了解的企业，投入你完全相信的管理层。如果认为把资金分散投入那些自己知之甚少、没有理由特别信任的企业中，

就能控制自己的风险的话，那就大错特错了。

凯恩斯强调，某只股票的投资风险水平与对该股票的无知和不确定性水平是相称的。价值投资颠倒了正统文本中提出的风险收益权衡——那些提供最大表观安全边际的股票，从定义上来看其下跌风险最低，也可能会为投资者带来最大的收益。正如凯恩斯所建议的那样，通过只"重仓买入"那些"靓股"，投资者既可以降低投资组合的风险，又可以使自己获得跑赢大盘的最好机会。

第
13
章

❖

分清主次

❖　坦然面对股市困境　❖

> 现存之事，有些取决于我们，而另一些不取决于我们……
> 因此，任何想要自由的人，不要想要或逃避任何由他人决定
> 的事情。否则他必然是奴隶。
>
> ——爱比克泰德（Epictetus），《手册》

　　凯恩斯对爱财如命、挖空心思赚钱的人不屑一顾，但他
也对塞缪尔·约翰逊的观点表示赞同，即没有什么比赚钱更
能使一个人清白地工作了。凯恩斯在《通论》中观察到：

　　……赚钱和私有财富机会的存在，可以把危险
的人性倾向疏导到相对无害的渠道，如果它们不能
以这种方式得到满足，就可能在残忍地、不顾一切
地追逐个人权力和权威，以及其他形式的自我膨胀
中找到出口。一个人对他的银行存款余额实施暴政
总比对他的同胞实施暴政要好一些……

无论如何，正如凯恩斯所承认的那样，那些被"赚钱的激情"所触动的人是一种必要的邪恶——正是由于这些人在逐利天性的驱使下挖空心思地赚钱，人类的其他成员才被带到"经济极乐"和物质丰富的应许之地。

凯恩斯对金钱抱着一种功利主义的观念。邓肯·格兰特有次收到的生日礼物竟然只是现金，他为此"怒火中烧"。凯恩斯冷静地对他的朋友说道："这个东西作为一种手段是好的，至于它本身则无关紧要。"后来，在《货币改革论》中，他又回到了货币作为一种简单的、权宜之计的主题：

> 人们似乎不容易认识到，他们的钱只是一种交易媒介，本身没有什么重要意义，只不过是从一个人手中流到另外一个人手中，不断地收进来又被散出去，最后当它完成自己的使命后，就从一国财富总额中消失不见了。

凯恩斯认为，应该给赚钱赋予适当的位置——作为一种娱乐，一种智力游戏，一种确保生活中美好事物的手段。

凯恩斯的务实态度让他拥有了顽强的抵抗力，足以抵御动物精神的攻击，并对股市投资产生了更为清晰的认识。在经历早期投资生涯的失败之后，凯恩斯意识到，在股市中取得持久成功的是那些利用大众行为的人，而不是那些参与大众行为的人，在投资决策中采取高效的方法比盲目跟风要好得多。凯恩斯从 20 世纪 20 年代的股市动荡中得出的教训是，金融交易本身是不可预测的，至少在短期内是如此。因此，聪明的投资者接受了他们无法控制市场行为的事实，而是专心控制自己的行为——沃伦·巴菲特后来对凯恩斯的这一观点表示拥护，认为投资者所需要的是"一个理性的可提供决策的智力框架，和不让情绪侵蚀这一框架的能力"。

❖　什么也不要做，站在那儿就行……　❖

> 投资应该更像是看着油漆变干或看着小草生长。如果你想找刺激，那就带上 800 美元去拉斯维加斯吧。
>
> ——保罗·萨缪尔森

凯恩斯并非不知道参与股票交易需要付出的代价。在一份简短的传记中，他将参加巴黎和会的德国代表描述为"一群悲伤的人，他们面容憔悴，萎靡不振，目光疲惫，和刚刚在证券交易所遭遇惨败的人一模一样"。乍一看，这似乎是一个奇怪的、不恰当的比喻——把一个战败国的代表仅仅比作遭遇金融失败的受害者，但这篇回忆录是在 1931 年夏天所写，当时正值大萧条的低谷期，凯恩斯的一个学生——西德尼·拉塞尔·库克（Sidney Russell Cooke）是国民互助人寿保险公司的一名董事，在凯恩斯看来，他是一个"聪明而有魅力的人"，但由于在证券交易中遭遇了巨额亏损，他在 1930 年自杀了。凯恩斯发现，货币世界的逆转会让那些被动物精神感染而变得虚弱不堪的人付出沉重的代价。

在随后股市风平浪静期间，凯恩斯运用价值投资原则，把亏损的钱又赚了回来后，他总结道，聪明的投资者需要"尽可能多的冷静和耐心"来抵御动物精神的定期袭击和价格波动的干扰。市场流动性及与之相伴的持续不断的报价是一把双刃剑，一方面，它使投资者能够轻松进入和退出市场，从而使他们像凯恩斯所指出的那样"更愿意去冒险"；但另一方面，股价随时发生变化也会让股市参与者养成一种短期思维模式。凯恩斯告诫道：

　　　　你不能因为这一事实就影响了自己对有每日市场报价的证券的态度，也不能主次不分。一些司库会无所畏惧地买入没有报价、没有市场的房地产投资，如果他们在每次审计时都需要卖出投资获得即时现金，那会让他们的头发愁白。

　　凯恩斯断言，聪明的投资者接受股价可能会在较长一段时间内偏离潜在价值的事实，从而能"分清主次"。投资者不会因为持续不断的报价以及"市场先生"不停发出的买入或卖出的催促建议而感到无所适从。相反，训练有素的投资者运用自己的分析来识别定价错误的股票并坚持长期持有，相信股市最终会恢复到它所声称的"明确预期未来现金流的一台机器"的作用，最终会奖励那些可持续赢利的企业。正如一位同事在谈到凯恩斯本人的气质时指出的那样，价值投资者必须坚定地相信"一项基于理性和常识的策略最终是正确的"。或者，就像巴菲特以他那简单而朴实的方式所评论的那样："比赛场上的赢家是那些将注意力集中在赛场上的选手，而不是紧盯着计分板的人。"

❖ 自己动手 ❖

> 就我自己而言，我完全依靠自己的冥想进行投资。
>
> **——凯恩斯致一位股票投资者同伴，1945 年 3 月 28 日**

就像本·格雷厄姆观察到的那样，"事实证明，想要通过购买一只无人关注因此也就被低估的股票来获取利润，通常需要一个旷日持久、耐心等待的过程"，价值投资者必须抵制那些鼓励盲从因袭和短期思维模式的强大社会力量。持续不断的报价不仅会分散不守纪律的投资者对长期投资价值的注意力，而且股市参与者还必须与追求高换手率的机构设置进行斗争。经纪人和投资经理在促进市场活跃方面有既得利益，甚至连正统的金融理论也与投机者合谋，通过将"风险"定义为价格波动而非收益波动，来宣称短期价格变动比长期收入流更为重要。

价值投资者不会被这些因素所左右。相反，他们意识到，股市是为投资者提供服务的，而不是来命令他们的。在 20 世纪 30 年代初的黑暗日子里，在股市遭遇另一次下跌期之后，凯恩斯轻蔑地说道：

> ……我并没有从中得出这样的结论：一个负责

任的投资机构应该每周用恐慌的目光浏览一下持有
的证券清单，然后从中找出一个下跌最多的，把它
抛给空头。

像凯恩斯这样的价值投资者依靠他们自己的独立分析，
而不是向芸芸众生寻求指导。就像凯恩斯那样，他们实行
"某种始终如一的策略"——一种将交易活动限制在价格大幅
偏离潜在价值时才投资买入的策略。

对价值投资者而言，股价是内在价值估值的一个基准，
用来确定是否存在足够的安全边际。它们是投资者潜在的进
入或退出点，但过去的价格模式不应影响投资决策。正如凯
恩斯所说的那样：

> ……在我看来，最重要的是不要因为过于关注
> 市场变化，而使自己的长期持有计划被打乱……当
> 然，对这些事情视而不见是愚蠢的，不过，不能让
> 它们对一个人的整体倾向产生太大影响。

在危机时期，资金从弱者手中转移到强者手中，这是亘
古不变的市场真理。因此，就像芒格建议的那样，训练有素
的投资者必须培养"持有股票而不担心的性格"。

❖ 勇往直前 ❖

> 到手快的 6 便士强过到手慢的 1 先令。
>
> ——英国谚语

PR 金融公司是凯恩斯和"狡猾"的福尔克最早成立的贸易企业之一，成立于 1923 年年初，主要从事商品投机业务。该公司的首字母——暗指古希腊谚语 *"Panta rei, ouden menei"*（万物流变，无物留存）——也许是对商品市场反复无常本质的微妙致敬。同样，在股市上，一切都处于变化之中，股价会跳来跳去，随着标的企业面临的环境发生变化，股票的内在价值也随之发生变化。因此，价值投资者不能因为自己宣称的对长期投资期限的偏好，就忘记随时保持警惕的职责，就忘记去留意股票价值相对于其价格的变动情况。

"保持安静"的理念——只有在发现股票内在价值和报价之间存在巨大差距时才进行交易——绝不意味着一种自鸣得意的投资风格。在担任国民互助人寿保险公司董事长期间，凯恩斯反复强调投资者不能采取"一劳永逸"的投资策略：

不活跃的投资者如果对自己的投资采取固执的

态度，不会仅仅因为事实和环境发生变化了，就改
变自己的观点。那么从长远来看，他将遭受极其严
重的损失。

凯恩斯断言，价值投资者必须"不断保持警惕，不断修
正先入为主的观念，不断对外部形势的变化做出反应"。他暗
示，在股市投资中，成功的前提是永远保持警惕。

与跟踪众多证券领域的市场参与者相比，聪明的投资者
只关注自己"能力圈"内的那些股票，因此更能熟知这些股
票相对价值的变化。通过专注于较小的股票池，价值投资者
能够更好地对某一特定证券的优点做出判断，并采取果断行
动。一位观察家研究了凯恩斯运用国王学院"切斯特基金"
进行投资的方法后，这样说道：

> 国王学院的卓越之处在于，当一个好机会出现
> 时，他们会"勇往直前"。他们的投资策略是快速决
> 策，而要做到这点，全仰赖凯恩斯先生。

尼古拉斯·达文波特也是国民互助人寿保险公司的董事
会成员，他认为凯恩斯之所以在股市上取得成功，是因为他
"在起跑时就比别人占了先机"，并补充说道："在证券交易的

赛跑中，我还从未见过一个人如此行动敏捷。"如果操作得当的话，价值投资与凯恩斯所钟爱的板球运动并无不同——大部分时间是冗长乏味的，偶尔会有一段时间的激烈活动。

✧ 与债务抗争 ✧

> 债权人是一个迷信的人，是固定日期和时间的伟大观察员。
>
> **——本杰明·富兰克林，《穷查理年鉴》**

在 20 世纪 20 年代末股市狂热的日子里——凯恩斯仍然坚持动量投资的信条，试图预测别人的预期，在市场上频繁地买入和卖出——他的投资组合有一半以上是靠借款买入的。他的想法是，他可以利用在金融交易上的筹码——通过借款来对货币、商品和股市进行投机，如果预感正确的话，凯恩斯的资本利得将成倍增长。虽然他在这些年里断断续续地取得了一些成功，但凯恩斯发现——就像欧文·费雪、本·格雷厄姆以及在大繁荣时期靠信贷运作的数百万人一样——杠杆也会起反作用。

举个极端的例子，投资者靠 10% 的保证金购买了一只证

券——也就是说，购买价格的 90% 依靠借款解决——股价只
需上涨 10%，投资者的资金就会翻倍。但是，随着这种潜在
回报的增加，投资风险也相应增加——股价下跌 10%，投资
者的资本投入就会全部赔光。在市场上涨时，杠杆对投资者
有利，但在市场下跌时，杠杆对投资者的影响可能是灾难性
的。保证金贷款和其他形式的信贷是许多投机者工具箱中必
不可少的辅助工具——他们经常为了微薄的利润绞尽脑汁，
借贷资金使他们能够增加在股市上的筹码。杠杆给这些游戏
玩家提供了潜在的放大资本利润的机会，而"市场流动性"
则会让人产生一种错觉，即如果事态发展到过于严峻时，还
会有逃生的"安全出口"。

　　然而，"安全出口"面临的问题是，当每个人都同时冲向
门口时，它们就没那么好使了。那些相信自己能预测情绪潮
流的人，往往在市场突然转向时被搞得不知所措。从广义上
讲，经验证据未能找出任何一条新闻因素，来解释 20 世纪发
生在股市的一些重大"修正"：1929 年 10 月的大崩盘，1987
年的"黑色星期一"，2000 年 3 月互联网公司泡沫的破裂。
那些拥有杠杆头寸的投资者——其市场敞口远远超过了实际
的资本资源——发现自己根本无法履行金融义务。巴菲特对
此淡然地评论道："只有在退潮的时候，才能发现谁在裸泳。"

　　价值投资者——那些购买股票后期望其报价未来将上涨

至内在价值水平的投资者——在借款方面受到了特别的限制。凯恩斯观察到，市场保持非理性的时间可能比游戏玩家保持偿付能力的时间还要长——美国联邦储备委员会前主席艾伦·格林斯潘（Alan Greenspan）在 1996 年发表了著名的"非理性繁荣"言论，而在 3 年多以后，互联网公司泡沫才最终破裂。因此，在股市从投票机变成称重机之前，价值投资者必须做好可能等待相当长时间的准备。凯恩斯因此得出结论：

> ……一个试图忽略近期市场波动的投资者，为了安全起见需要更多的资源，并且切不可用借来的钱进行大规模的投资，如果非要投资的话。

凯恩斯在 20 世纪 20 年代和 30 年代初还是一个债务迷，在投资生涯的后半期，他大幅减少了借款。在凯恩斯生命的最后几年，贷款仅占他总资产的 10% 左右。伯克希尔·哈撒韦公司在实践中也反复运用这种金融保守主义，正如芒格评论的那样，该公司"不敢以保证金的方式购买股票"。正如芒格建议的那样："理想的借款方式是，不会有任何临时的事情会干扰到你。"

❖ 精神控制 ❖

> 我现在仍然无可救药地相信别人的感情与行为的合理性……
>
> ——凯恩斯,《我的早期信仰》

价值投资者需要一个客观公正的投资决策框架,这个框架可以使他们免受动物精神和短期主义的潜在影响。正如巴菲特评论的那样:

> 投资并不是一个智商 160 打败智商 130 的游戏……如果你的智商平平,那你需要的就是控制那些让一般人投资失败的欲望。

培养正确的气质——用巴菲特的话说,就是投资者在于有"良好的商业鉴别能力的同时,能够不被市场混乱的情绪影响自己的投资行为和想法"——要求投资者只关注两个变量,即股价和内在价值。

聪明的投资者虽然对股市总能正确定价的能力持怀疑态度,但仍然保持着适当谦虚的态度。投资者不仅接受在许多——如果不是大多数——情况下，市场在定价方面是近似有效的，而且还坚定地只关注自己"能力圈"内的那些股票。同样，投资者也不会陷入过度自信的怪圈。亚当·斯密曾说：

> 大多数人总是过度相信自己的能力……以及……他们对自己好运的荒谬推测……所有健康和精神状态尚可的人，都会遇到一些好运。每个人都或多或少地高估了收益的机会，而大多数人则低估了亏损的机会……

经验证据对亚当·斯密的洞察力给予了支持——个人通常会夸大自己的技能（举个日常的例子，远超一半的受访对象认为他们的驾驶技术比平均水平要好得多），并对未来的事件抱有过度乐观的看法（例如，研究表明，游戏节目的参与者大大高估了他们获胜的机会）。

💠　优等证券　💠

> 在股市上，任何情况的事实都是通过人类情感的帷幕向我们展示的。
>
> **——伯纳德·巴鲁克，《伯纳德·巴鲁克自传》**

除了过度自信和过度乐观，还有其他因素可能影响投资者行为的认知偏差。其中最重要的也许是"禀赋效应"——人们倾向于对自己的财产采用"所有权溢价"原则。经济学家理查德·塞勒进行的一个简单实验——表明一个人已经拥有的物品（如咖啡杯）的平均报价，是他们尚未拥有的同等物品要价的两倍以上——说明了一个普遍的原则，即一个人放弃他们已经拥有的物品的要求，通常会大大高于他们愿意为获得相同的物品而支付的价格。

同样，许多股市参与者似乎在证券上投入的不仅仅是美元——表现良好的股票可能会让投资者获得积极的情感联想，因此，即使报价远远超过内在价值估值，股票持有人也可能不愿意出售自己的"宠儿"。相反，表现不佳的股票——无论其未来前景如何，都可能会被轻率的投资者卖掉。也许更有可能的场景是——根据行为经济学家的发现，金融损失对情绪的影响是同等收益的两倍以上——一些股票持有人可能不愿意出售表现不佳的证券，即使是那些不太可能"再次得宠"的股票，因为这样做会使损失明确化，证明他们原来的投资决策是错误的。

聪明的投资者不会陷入这些移情的情节中，并记起了巴菲特所说的令人心酸的话语，"股票并不知道你拥有它"。价值投资者关注的是基于预期的未来现金流的股票的感知价值，而不是紧盯着最初的买入价格不放。如果投资者非要把自己与某个特定数字关联起来的话，那应该是预期的未来收益而不是历史价格。买入、卖出或持有证券的决定，应参照"基于理性的策略"，不受动物精神和感情包袱的影响。价值投资者坚定不移地专注于标的企业的经济状况——他们是证券分析师（security analysts），而不是不安全分析师（insecurity analysts）。

❖　骄者必败　❖

> ……在任何其他地方，虽然热情可能在取得一些卓越成就时是必要的，但在华尔街，它几乎总是会导致灾难。
>
> ——格雷厄姆，《聪明的投资者》

意识到这些心理怪癖后，价值投资者只在他们的"能力圈"内勤奋工作，执行巴菲特所说的"情绪纪律"，只交易出现足够安全边际的股票。在早期接受的一次媒体采访中，巴菲特将投资比作"在一个大赌场中，其他人都在豪饮"。他建议，如果聪明的投资者能坚定持有百事可乐（或者，考虑他后来买入的可口可乐），那么这个人就会做得很好。芒格在写给韦斯科金融公司（Wesco）股东的一封信中也表达了同样的观点：

> 像我们这样的人通过努力始终不让自己变成愚蠢的人，而不是努力做到非常聪明，就获得了这么多长期优势，这太不可思议了。民间有句谚语，"善于游泳的人才会被淹死"，其中一定是有一些智慧的。

曾经有人这样评价"狡猾"的福尔克和他那些智力超群的商业银行同事:"他们的脑子实在太好使了,这反而使他们变得更加危险,因为他们犯错的速度会更快。"要想在股市中取得成功,单凭智力是不够的——训练有素的投资者必须拥有一个强大而客观的投资决策框架,以及表现出一种如凯恩斯所建议的"拥有足够耐心和勇气"的气质。同样,格雷厄姆指出,"投资者面对的主要问题——甚至是他最大的敌人——可能是他自己",并建议成功的股市参与者不仅需要智慧和对价值投资理念的理解,而且——最重要的是——要有"坚韧不拔的性格"。

❖ 凡事预则立 ❖

> ……与其他形式的财富持有人相比,现代资本市场的组织要求有价证券持有人有更多的勇气、耐心和刚毅。
> ——凯恩斯致国王学院财产委员会,1938 年 5 月 8 日

这个在经济理论中确立了货币首要地位的人,在实践中却很少想到它。对凯恩斯来说,它只不过是一种达到目的的

手段，是实现生活的各种可能性的途径。正是这种对赚钱模棱两可的功利主义态度，使凯恩斯具备了股市投资所需的冷静、务实的态度。凯恩斯意识到，成功的股市参与者不能让不断的报价弄得心烦意乱，这些报价往往是由最贪婪的买家和最神经过敏的卖家所造成的。相反，投资者需要培养"分清主次"的观念——相信尽管有短期波动，但从长远来看，市场会认可并奖励那些有持续收益的股票。

凯恩斯警告说，聪明的投资者必须独立思考，不受众人意见的影响。训练有素的选股者不能被连续报价的动听呼唤所诱惑，必须在过度交易和无动于衷的被动交易之间进行选择。市场对债权人的偿债时间表、衍生品的到期日和经纪人的保证金要求是一视同仁的——因此，聪明的投资者既不会过度借贷，也不会依赖期权，否则就只能听天由命了。

按照凯恩斯和巴菲特的风格进行投资，似乎是一个简单的游戏，但这种简单的方法是有欺骗性的。投资者必须不受市场躁郁症趋势的影响，并确保自己没有受到动物精神的影响。正如凯恩斯对一位同事说的那样，成功的投资事实上可能需要"更多的气质而不是逻辑"——借用巴菲特的观点，用头脑而不是用腺体进行投资的能力。聪明的投资者——掌握了内在价值和安全第一等概念的知识，并意识到股市具有投票机和称重机的双重性格——将更有利于培养成功投资所需的气质。

第

14

章

⋮

事后复盘

❖　当权派的反叛者　❖

> 我同意这里面的每一句话，如果在每句话前面都加个"不"字的话。
>
> ——凯恩斯评一份政府备忘录

　　有这样一个故事：在凯恩斯的生命即将结束的时候，当他再次回到当权派温暖而安全的怀抱时，有人温和地指责他在晚年变成正统派了。凯恩斯对这种愚蠢的指控不屑一顾——"正统主义终于追上了我"，他像往常一样，泰然自若地回答道。在与他嘲弄地称为"稳健的金融"进行过无数次斗争之后，凯恩斯有理由声称，他最终站在了传统智慧的正确一边。在《通论》的主要结论——金融市场可能会表现失常，混乱的货币世界会损害实体经济，政府需要通过干预来弥补这些失调。

　　凯恩斯关于股市投资的观点成为主流所用的时间可以说是旷日持久的。正统的金融理论家一直顽固地认为，现代金融交易可以有效地为证券定价，这只股票和那只股票并没有什么差别。行为金融学（将心理学与金融学结合起来）的出现，终于颠覆了古典经济学完美无瑕的童话世界。《通论》再一次预告了知识革命的来临。

然而，正如凯恩斯无疑会断言的那样，一套原则的好坏只取决于其实际效果。一旦形势需要，凯恩斯本人也随时准备改变主意——与有时是他友好争论的对手，有时是他盟友的温斯顿·丘吉尔一样。作为一名始终如一的实用主义者，他每年都会对自己的投资业绩进行分析，"一方面是为了将我们的（股市）经历与其他投资者进行比较，另一方面是为了发现能够从中吸取的教训"。他所说的这些"事后复盘"，不仅在确定"令人满意的结果从何而来"方面很有价值，而且——也许更重要的是——在确定易于改善业绩的地方也很有价值。

尽管凯恩斯是世界上最早的机构投资者之一，并且在他有生之年因其对金融市场实践和理论炉火纯青般的把控而广受赞誉，但直到近些年，学者才对他的投资业绩进行了详细的实证研究。三位英国学者——大卫·钱伯斯（David Chambers）、埃尔罗伊·迪姆森（Elroy Dimson）和贾斯汀·富（Justin Foo）的研究证实，凯恩斯是一位非常成功的股市长期投资者。在几十年的投资生涯中，他的投资业绩远远超过了大盘表现。特别是，这项研究的作者发现凯恩斯的股票投资组合的命运发生了根本性的变化——从 20 世纪 20 年代他实行自上而下的"信贷循环"方法时的明显表现不佳，到后来采用自下而上的价值投资风格后的重大优异表现。

❖ **小赌一把** ❖

> 让我感到好笑的是，铁路股票终于昂贵到足以让弗朗西斯愿意买入的地步了。
>
> **——凯恩斯致其股票经纪人，1943 年 1 月**

　　凯恩斯对更广阔的世界有着广泛的兴趣，就如同他对金融领域有着极为浓厚的兴趣是一样的。他不仅以各种身份参与投资和投机——以他个人的身份，以拥有很大自行决定权的国王学院司库的身份，以及以对投资决策影响较小的董事会成员的身份——而且他的赚钱活动涉及许多不同类型的资产。对我们而言，最重要的是凯恩斯的投资风格在 20 世纪 30 年代初也发生了根本性的变化——从市场时机策略转变为更有分寸的价值投资策略。

　　这种兼收并蓄的方法，虽然为他的投资理论打下了广泛

的基础，但也突出了选择一个适当的基准来评估凯恩斯股市
表现的重要性。凯恩斯投资设立的一些金融企业，如 PR 金融
公司，可以不予考虑，因为它们主要参与的是货币或商品投
机。其他的也可以不予考虑，因为凯恩斯作为投资顾问或董
事会成员的任期有限——例如，凯恩斯于 1927 年年底离开了
AD 投资信托公司，这是他与"狡猾"的福尔克创办的第一家
投资公司，自此之后，他才转变为价值投资者。同样，20 世
纪 30 年代中期，凯恩斯在独立投资公司中任职时，实际上并
未履行积极管理的职责。1938 年，他辞去了国民互助人寿保
险公司董事长的职务。

在凯恩斯从事的一些事业中，他受到了机构惰性和顽固
而保守的思维模式的阻碍。伊顿公学的校长在写给凯恩斯的
一封信中，记录了群体决策遭遇的挫折：

> 我发现学校管理机构的会议通常非常有趣。我
> 喜欢听你赤裸而贪婪地推荐南方的优先股；喜欢看
> 卢伯克（Lubbock）在对待你的这些建议时所表现
> 出的严肃的清教主义；喜欢看里德利（Ridley）的
> 变节，他明面上同意卢伯克的看法，但背地里还是
> 投了你的票，因为就算是一颗永远悲伤而可怜的心，
> 有时也会小赌一把。

凯恩斯倡导的"逆向买入"策略，常常会遭到其他董事会成员的激烈抵制——正如凯恩斯疲惫地评论道："所有正统的建议都太昂贵，所有非正统的建议都太非正统，所以我对提出任何进一步的建议感到非常心灰意冷。"

❖　切斯特基金　❖

> ……大多数人对自己的投资都是太胆怯、太贪婪，太急躁、太神经紧张，投资票面价值的波动极容易消灭大量诚实工作所获的结果。因此，我们对长时期中的未定之数不能采取长远看法，甚至也不能寄予合情合理的信赖；至于短期明显的确定性，却不论怎样容易使我们上当，也更能吸引人。
>
> ——凯恩斯，《货币论》

只有两家投资公司专门对股票进行投资，而且凯恩斯在其中拥有了很大程度的决策权。第一家是地方保险公司，据凯恩斯说，这是一家"还带有家庭事务性质"的小公司。《凯恩斯文集》（*Collected Writings*）的编辑唐纳德·莫格里奇（Donald Moggridge）这样写道：

在1930年之后的几年里，（凯恩斯）一直是
（地方保险公司）极为活跃的董事……在投资方
面，在董事会月度会议上确定的指导方针下，凯恩
斯几乎拥有全部的自行决定权，并成功说服公司其
他人认识到股票的优点。

1938年，在呈送给地方保险公司董事会的一份备忘录中，
凯恩斯非常满意地评价道，在他的管理下，该公司业绩"完
胜"可比市场指数。然而，自1940年之后，由于凯恩斯被召
回财政部，因此他在地方保险公司董事会的影响力就下降了。

评估凯恩斯股市表现的最佳基准无疑是国王学院的切斯
特基金——因为它不仅专门对股票进行投资，而且一直由凯
恩斯负责管理，直到他逝世。此外，切斯特基金似乎忠实地
代表了凯恩斯的投资原则和偏好，因为其持仓在很大程度上
就是凯恩斯个人持仓的缩影，国王学院的捐赠基金持有约占
凯恩斯个人投资组合80%市值的股票。切斯特基金成立于
1920年6月，开办资金为3万英镑，是少数几只获准对股票
进行投资的大学基金之一。凯恩斯利用这一自由，在几十年
时间里取得了惊人的投资成果。

以1931年为基准年——诚然，这是基金财富的一个相
对低点，但也可以假设凯恩斯的价值投资风格大约从此时

开始——截至 1945 年，切斯特基金的市值增长了大约 10 倍，而同期标准普尔 500 指数的回报几乎为零，伦敦工业指数仅增长了一倍。鉴于切斯特基金赚取的全部收益都用于学院建筑工程和偿还贷款这一事实，因此相较可比指数而言，切斯特基金这种卓越的投资表现更加令人印象深刻——换句话说，资本从 1920 年的 3 万英镑增值到凯恩斯逝世时的约 38 万英镑，全部是由投资组合的资本利得贡献的。

✧ 一项调查 ✧

> 看一个人在往返途中的表现后才能下结论。
>
> ——凯恩斯致国民互助人寿保险公司的一位董事，
>
> 1938 年 3 月 18 日

钱伯斯、迪姆森和富进行的定量研究，侧重于凯恩斯从 1921—1946 年对切斯特基金的管理。根据他们对国王学院捐赠基金年度投资报告的分析，学者们证实凯恩斯作为一个出色的股市投资者享有的声誉，是实至名归的——在他担任投资经理的 25 年间，凯恩斯创造了 16% 的年回报率，而基准指数的年回报率为 10.4%。在包括 1929 年华尔街股灾、大萧条和第二次世界大战在内的时期内，切斯特基金以巨大的优势战胜了市场，这本身就是一个令人印象深刻的壮举，但这些标题数字掩盖了凯恩斯在 20 世纪 30 年代和 40 年代更为出色的表现，当时凯恩斯转而采用自下而上的投资风格，寻找定价彻底错误的股票。

研究报告直截了当地指出，在 20 世纪 20 年代，凯恩斯的动量交易方法"产生了令人失望的回报……没有证据（表明）这种方法具有任何市场时机把握能力"。在这 10 年间，切斯特基金平均每年跑输基准指数 5.3%。巧合的是，当凯恩斯作为价值驱动型投资者的身份获得重生后，从 1933—1946 年，切斯特基金平均每年跑赢基准指数 5.3%。在逐年计算的情况下，业绩的差异也同样明显——在管理切斯特基金的 25 年中，凯恩斯的动量交易方法只有 6 年的业绩低于市场平均水平，其中 4 年都集中在 20 世纪 20 年代。

这项研究还记录了凯恩斯向"买入并持有"的投资风格稳步发展的过程。凯恩斯践行着他的"忠诚"策略，随着时间的推移，其持有股票的换手率逐年下降——在 20 世纪 20 年代平均为 55%（也就是说，在不到两年的时间内就更换了他的股票投资组合），在整个 20 世纪 30 年代降低到 30%（换手率下降到每 3 年不到一次），在 20 世纪 40 年代下降到只有 14%。除了长期持有股票外，凯恩斯在切斯特基金中也高度集中地配置了个别股票，持仓最多的五只股票在 20 世纪 20 年代占投资组合总市值的 46%，在 20 世纪 30 年代占 49%，然后在 20 世纪 40 年代略微回落到 33%。

尽管凯恩斯喜欢把大部分鸡蛋放在相对较少的几个篮子里，但他通过越来越多地买入美国上市公司的股票，使持仓实现了某种程度的多样化。1929 年年初，凯恩斯第一次对美国普通股进行投资，在整个 20 世纪 30 年代，对美国股票的持仓量稳步增加。在这 10 年中，对美国股票的平均持仓量为 33%，到 1939 年时，至少占投资组合的一半。凯恩斯对海外持股日益增长的欲望最终在 20 世纪 40 年代初得到遏制，当时英国财政部强迫国内投资者卖出美国股票，从而使英国增加对美元的储备。

❖ 幸福瞬间 ❖

当有人问我怎样才能最好地描述我在海上近 40 年的经历时，我只是说平淡无奇。当然，我也遇到过冬季大风、风暴和大雾之类的情况。但在我所有的经历中，我从未遇到过任何事故……或任何值得一提的事故。在我所有的航海生涯中，我只见过一艘遇险的船只。我从未见过一个沉船事件，

> 自己的船也从未沉过，我也从未陷入任何让我生命受到任何
> 形式灾难威胁的困境。
>
> ——爱德华·史密斯（Edward Smith），
>
> 泰坦尼克号船长，1907 年

在采用价值投资而不是动量交易时，凯恩斯完全改变了他的视野方向——从 20 世纪 30 年代起，他不再跟在过去的趋势后面随波逐流，而是向前看，在评估机会时关注某个特定公司的"最终收益能力"。凯恩斯意识到，股票估值既是一门科学，又是一门艺术。他对那些声称能将目标价格精确到一个美分的分析师不屑一顾，他寻找具有强大长期赢利潜力的"极度看好的股票"，这些公司的股价似乎已经偏离了未来前景。以类似的方式，巴菲特偏爱具有可持续竞争优势的公司——用他自己的话说，就是"具有主导地位的卓越公司，其特许经营权难以复制，并且（具有）巨大的持久力"。

凯恩斯和巴菲特选股时更加注重定性方法，这与格雷厄姆的选股方法形成鲜明对比，格雷厄姆依靠的是以账面价值为中心的严格的定量框架。然而，在公司的竞争优势越来越多地归因于知识产权和人力资本等无形资产的世界里，我们需要一种更加灵活的选股方法。凯恩斯本人对他那个时代的科技股的投资比例过高，如汽车制造、飞机制造、制药和发

电，他在仔细观察投资机会时，经常采用新的估值指标。正
如钱伯斯、迪姆森和富所记录的那样：

> ……他对奥斯汀汽车公司（Austin Motor）的
> 股票进行估值时，不仅采用了收益率等传统的衡量
> 标准，还采用了每生产单位的市值。根据他在 1933
> 年 10 月的计算，奥斯汀的交易价格比通用汽车公司
> （General Motors）折价 67%。

在当今的环境下，由于网络效应，许多互联网和技术公司获
得的规模报酬越来越多，应该越来越向前看而不是向后看——适
当地关注可持续的未来收益而不是过去的资产负债表指标。

正如巴菲特发表在杂志上的一篇文章中所指出的那样：

> 投资的关键不是评估一个行业将对社会产生多大
> 的影响，或者它将增长多少，而是确定任何特定公司
> 的竞争优势，最重要的是，确定这种优势的持久性。

在资本主义"创造性破坏的永恒风暴"（perennial gales of
creative destruction）中，许多貌似强大的商业"护城河"实际
上变成了马其诺防线，因为消耗性竞争淘汰了不合适的企业。

例如，柯达公司在 20 世纪 60 年代和 70 年代是蓝筹"漂亮50"指数的主要成员，当时还被评为世界上最有价值的 5 个品牌之一。然而，柯达公司虽然发明了全球第一台数码相机，但被智能手机在 21 世纪初推出的拍照功能打了个措手不及，最终只能在 2011 年申请了破产保护。柯达公司的经历提醒我们，由于竞争态势的变化，一些高增长行业——无论是凯恩斯时代的燃气汽车，还是我们这个时代的电动汽车——未必能提供引人注目的个人投资机会。

❖ 避开"不中用的东西" ❖

> 规则一：永远不要亏钱。规则二：永远不要忘记规则一。
>
> **——巴菲特**

从凯恩斯的股市表现中可以看出两个显著的趋势，第一个趋势是，用他的传记作家罗伯特·斯基德尔斯基（Robert Skidelsky）的话说，"投资越是在凯恩斯的直接控制之下，它们的表现就越好"；第二个趋势是，从 20 世纪 30 年代初开始，投资表现有了明显提高。正如唐纳德·莫格里奇在评估凯恩斯个人持股的表现时所观察到的那样：

> 在 20 世纪 20 年代，凯恩斯的投资业绩普遍跑输市场，但从 1929 年之后，他的投资（将华尔街和伦敦分开处理）在有记载的 30 个会计年度中，有 21 个年度的业绩跑赢了市场，而且累积起来的话，可以说完胜市场。

凯恩斯把他在股市中取得的成功归功于他采取的"安全第一"的策略，这使他"避开了让许多投资清单蒙受损失的'不中用的东西'"。在写给地方保险公司一位同事的信中，凯恩斯进一步阐述了尽量减少损失的重要性：

> ……（我们）几乎没有任何大规模损失的案例。市场价格曾出现过很大的波动。但重仓的股票最后的结果都还不错。因此，相对于必然会积累起来的利润，需要抵消的损失相对较少。实际上，我们所有的大笔投资都取得了成功。

凯恩斯的投资表现证实了成功的股市投资，正如查尔斯·埃利斯（Charles Ellis）在他的一本书的标题中所描述的那样，是一种"输家游戏"。投资者的关键任务是避免出错——这需要通过在自己的"能力圈"内投资，并确保每次买入的股票都有足够的安全边际来实现。正如格雷厄姆在《聪明的投资者》中评论的那样，"真正可怕的损失……是由在发行普通股时，投资者忘记问一句'每股多少钱'造成的"。

凯恩斯在寻求更好识别未来"宠儿"的过程中，开始狂热地阅读经纪人的笔记。除了这种案头研究外，凯恩斯还不辞辛劳地进行了很多调查：凯恩斯坚持与他感兴趣的公司管理层进行会面，有时还与政府政策制定者接触，以便更好地了解竞争格局。凯恩斯致力于积极的、自下而上的研究，在20世纪30年代初，他曾两次前往美国游学——当时的跨大西洋航行平均需要 5 天时间——以便直接了解美国市场。

❖ 不畏艰险 ❖

> 我是因为过早地卖出股票才赚到了钱。
>
> ——伯纳德·巴鲁克

如果有些评论家想对凯恩斯的投资表现吹毛求疵的话，

那就是他显然没有能力处理定价过高的股票。一位学者将凯恩斯描述为"在底部买入却永远无法在顶部出货的独臂逆向投资者"——他能够识别定价过低的股票，但在抛弃定价过高的股票时却不太老练。凯恩斯也许意识到，他特别容易在个别股票根据他自己的价值投资原则变得过于昂贵之后，仍然坚持持有这些股票。在写给国王学院的一篇事后复盘报告中，他为自己的行为做了如下辩解：

> 毫无疑问，一个人把自己"宠儿"的大部分涨幅都享受到的话，可能会倾向于慢点卖出它们。但回过头来看，我并不因此而过分责备自己；因为如果过早地卖掉它们的话，很容易招致更大的损失。

例如，1936 年年初，凯恩斯在国民互助人寿保险公司单位持有人的年会上指出，英国工业股票的价格非常高，并推测道：

> ……不仅仅会在未来无限期地维持目前的工业活动，还会带来实质性的进一步改善。实际上并没有多少人相信这一点，但每个人都希望能在适当的时候把股票抛给另一个家伙。

尽管有这种明确的观点，但凯恩斯还是坚持持有他的大部分股票。1937 年，当股市再次遭遇严重下跌时，凯恩斯投资组合的市值也大幅缩水。令人欣慰的是，巴菲特也坦率地承认自己犯过同样的错误。"我犯下一个很大的错误，在大泡沫期间没有卖掉我们几个重仓的股票"，他在 20 世纪 90 年代末互联网历经繁荣和萧条之后这样承认道。凯恩斯和巴菲特在这方面因疏忽所犯的错误，对投资者而言是个警示，正如芒格所强调的那样，"如果你坚持持有定价过低的股票，你必须在它们接近其真实价值时不断地调整仓位或换股"。

凯恩斯之所以倾向于长期持有他的一些"宠儿"，这也许与他过分乐观的天性有关——正如克莱夫·贝尔所评论的那样，"如果凯恩斯真的能做到不带感情色彩的话，那么他的判断力就会像他的智力一样强大，但凯恩斯是一个无可救药的乐观主义者"。当然，所有的投资者在某种程度上都是乐观主义者——他们把目前的消费推迟了，将资本投入未知领域，希望将来能获得回报。事实证明，凯恩斯倾向于"坚定不移地持有……不畏艰险"，这也是他作为投资者拥有的最大优势——对于一个说"长远来看我们终归死亡"的人而言，这多少有点讽刺意味，凯恩斯特别蔑视人们在股市中坚持的短期行为。市场中的时间，而不是市场时机，将被证明是他在投资领域取得成功的一个关键因素。

第
15
章

⁂

总
结

❖ 股市柔术 ❖

> ……兵之形避实而击虚。
>
> ——孙武,《孙子兵法》

　　凯恩斯在股市上的经历读起来就像某种道德剧:一个雄心勃勃的年轻人,在狂热追求财富的过程中几乎变得一无所有;我们的主人公稍微变得谦卑后,他的经历让他变得更加明智,现在他将聪明才智应用于股市投资,最终找到了他认为是通往股市成功的一条正确路径。后来,凯恩斯的视野超越了短期价格趋势和事件,开始关注股票的长期赢利潜力,并采取了坚定不移地持有他的"宠儿"的策略。

　　价值投资的实践涉及识别那些在报价和对未来收入潜力的合理估值之间出现巨大差距的股票,并需要投资者经常与流行的市场情绪潮流做斗争。价值投资者倾向于长期投资,并满足于等待不断报价的泡沫最终与收益现实相一致。凯恩斯提出的投资组合集中化策略,为价值投资原则又增色不少。只把鸡蛋放在少数几个篮子里是巴菲特践行的策略,但也有一些著名的价值投资者，如格雷厄姆，却并没有这样做。

1938 年，在为国王学院财产委员会起草的一份备忘录中，凯恩斯对他的股市投资理念作了最为简洁的总结：

我现在认为，成功的投资取决于以下 3 个原则：

（1）仔细选择少数投资项目（或少数类型的投资项目）。考虑它们未来几年可能的实际价值和潜在的内在价值相比是否便宜，以及与当时的替代投资项目相比是否便宜。

（2）不畏艰险。坚定不移地重仓持有这些投资项目，也许要持有几年，直到它们兑现了自己的承诺，或者明显地发现你投资失误了。

（3）平衡的投资头寸。也就是说，尽管对单只股票的持有量很大，但要持有各种风险程度的股票，如果可能的话，持有风险方向相反的股票（例如，在持有其他股票的同时，持有黄金股，因为当市场出现总体波动时，黄金股可能会朝相反的方向变动）。

实际上，凯恩斯提出了一种股市柔术。凯恩斯认为，训练有素的投资者不是试图冲到变化无常的大众前面，也不是在牛市和熊市未分时就试图选择相应的策略，而是要利用非理性市场的动能为自己的目的服务。价值投资者不是助长市场波动，陷入摇摆不定的情绪波动，而是站在疯狂摇摆的市场之外，等待市场的失衡。当过度繁荣或过度悲观的市场抛出一个"靓股"或"大满贯全垒打"时，聪明的投资者——
在其"能力圈"内投资并确信有足够的安全边际——可以果
断地采取行动，为交易投入相对大笔的资金。

✧　投资原则　✧

> 他对一切都感兴趣，因为在智慧和愚昧的冲突中，他脑
> 海中的一切都能瞬间找到自己的位置。
>
> ——财政部同事评凯恩斯

凯恩斯在股市中的投资行为，仅仅反映了他成就斐然的
一生中的一个侧面。正如《纽约时报》在刊登凯恩斯的讣告
中指出的那样，除了作为经济学家和政治家所取得的举世瞩
目的成就之外，他还在其他领域兴趣广泛，令人震惊：

> 他是一位出色的议会演说家，也是一位历史学
> 家，还是一位音乐、戏剧和芭蕾舞爱好者。在剑桥
> 大学期间，他创办了艺术剧院，因为他想去一家好
> 剧院观剧。他还是一位成功的农民，是开发草饲料

的专家。

利用渊博的知识和拒绝走传统老路的胆识，凯恩斯提炼出一套投资原则，不仅为他个人带来了巨大的财富，也为广大股市投资者提供了一个可资借鉴的模板。

世界上一些最成功的股市投资者欣然接受了凯恩斯的六大关键投资原则，这些原则建议知情的价值投资者应该：

（1）关注股票的内在价值估值——由特定证券的预期收益来表示——而不是试图预测市场趋势。

（2）在买入股票时，要确保有足够大的安全边际——股票的内在价值估值与价格之间的差异。

（3）在对股票进行估值时，要运用自己独立的判断，这往往意味着需要采取逆向投资策略。

（4）通过坚定不移地持有股票，限制交易成本，忽略不断报价带来的干扰。

（5）实行投资组合集中化的策略，将相对大量的资本投给股市中的"靓股"。

（6）保持适当的气质，在"冷静和耐心"与果断行动的能力之间保持平衡。

凯恩斯的投资原则非常简单，让人身心放松。乍一看似乎只是应用一些常识而已，尤其是与现代金融理论中精心设计的数学运算和复杂概念相比较的话。价值投资并不依赖于"贝塔系数""资本资产定价模型"或"优化投资组合"等学术秘籍，相反，它只关注两个变量：价格和内在价值。

凯恩斯意识到了公认智慧的潜在力量，它能够"进入……我们思想的每个角落"。尽管有行为金融学等新学科的介入，但正统理论仍顽固地主张金融市场是普遍有效的。然而，凯恩斯和巴菲特等价值投资者在股市中持续取得的成功，也许是正统教条存在不足的最有说服力的证明。

❖　凡事都有好的一面　❖

> 如果上帝不想让它们被剃光，他便不会把它们造成绵羊。
>
> ——电影《豪勇七蛟龙》(*The Magnificent Seven*)
>
> 中的强盗首领卡尔维拉（Calvera）

格雷厄姆运用了一种拟人化的熟练手法，产生了非理性的证券交易所的化身——"市场先生"。格雷厄姆最著名的弟子巴菲特对这个创造出来的人物进行了简洁的人物速写：

　　（"市场先生"）有无法治愈的情绪问题。有时他感到很兴奋，只会看到影响企业的有利因素。在这种情绪下，他会报出一个非常高的买卖价格，因为他担心你会抢购他的股权，抢走他即将到手的收益。在其他时候，他很沮丧，只会看到企业和世界未来的麻烦。在这些场合，他会报出一个非常低的价格，因为他害怕你会把你的股权抛给他。

　　"市场先生"饱受一系列复杂的性格异常的折磨。受周期性的"非理性心理波"的影响，他会交替发作躁狂症和抑郁症。"市场先生"可以蜕变成"脱线先生"——一个鼠目寸光的人物，天生就缺乏从长计议的能力。他也有心理障碍，他紊乱的心理状态不仅影响了股市，也影响了实体经济。

　　《合同法》规定，与精神失常的人签订的协议通常是无法执行的。然而，在股市中，投资者可以自由地利用其他人周期性的疯狂。聪明的投资者不会受短期价格波动的影响，不会受"市场先生"无休无止的抱怨的影响，而是专注于感知到的企业潜在价值。因此，"价值投资"这个短语显得有点赘述，因为所有真正的投资——与投机相反——都会对潜在价值进行评估。价值投资者——认识到股价是短暂的，是冲突的观点和情绪的快照——把"市场先生"的报价仅仅看作是可能的市场进入或退出点而已。

对训练有素的选股者来说，价格趋势和市场潮流并不重要，相反，投资者将自己的独立分析应用于投资决策过程。聪明的投资者因为看中股票的价值才会买入，并利用那些不这样做的人所犯的错误为自己谋利。对这些人来说，股票不仅仅是图表上的轨迹或智能手机屏幕上的图标，而是提供真实商品和服务的实体企业。在伯克希尔·哈撒韦公司的年会上，巴菲特通过大口喝可乐、为伯克希尔·哈撒韦旗下的珠宝店提供折扣以及宣传公司的糖果店，来强调他所持的股票是特别真实具体的企业。价值投资者关注的是企业属性——特别是未来收益，当"市场先生"丢掉他的会计师眼罩，戴上他的派对帽子，或者穿上深色的丧服时，他们才会仔细寻找定价完全错误的股票。

❖ 赌场资本主义 ❖

> ……我和其他经济预测专家都不明白，市场为什么很容易出现疯狂的，甚至是混乱的情绪波动，而且与任何潜在的理性基础完全脱钩。
>
> **——格林斯潘，2013 年**

作为不确定性的诗人，凯恩斯认识到在投资领域，有许多事件"没有任何科学依据，无法形成任何可计算的概率"。投资者根本不可能成为古典理论中理想化的经济人——对预期结果乘以预期概率进行冷酷的计算。由于这种不可避免的不确定性，大多数股市参与者都过度关注近期因素，并成为情绪风向的猎物。这种倾向在"游戏玩家"中体现得更为明显，正如凯恩斯所说，他们对自己拥有部分股份的企业的"实际状况或发展前景缺乏专门知识"。凯恩斯认为，这种知识的缺乏，增加了市场的易变性和对新信息反应过度的倾向，"由于缺少强大的信念根基，所以无法保持（估值）稳定"。

如果要说什么的话，那就是"市场先生"的狂热和崩溃在我们"民主化"的投资世界中体现得尤为明显。研究表明，美国证券交易表现出"过度波动"的现象，即证券价格比基本面的变化要大得多。此外，近几十年来，股价的过度波动性已经大大增加——正如英格兰银行首席经济学家安德鲁·霍尔丹（Andrew Haldane）所指出的那样，"（直到）20 世纪 60 年代为止，价格的波动性大约是基本面变化的 2 倍……（但自从）1990 年以来，它们的波动性大约是基本面变化的 6~10 倍"。在游戏化的股票交易应用程序的刺激下，在互联网的回声室中炒股的背景下，数字人群加剧了信息级联和扭曲的证券价格的风险。

虽然自凯恩斯时代以来，金融市场和产品已经发生了重大变化，但潜在的人类心理却没有改变。我们的大脑是为热带草原上的生活而进化的，而不是为符号和数字的抽象平面而进化的，这个由高度活跃的市场和空洞的符号组成的勇敢新世界，增加了非理性行为和市场波动的范围。神经科学表明，我们不是传统金融理论中理想化的毫无感情的计算器，而是有血有肉的生物，激素影响着我们的决策和风险偏好。一场不宣而战的内战在我们的头脑中激烈地进行着，这是我们本能的边缘系统和我们更善于思考的新皮层之间的冲突。正如诺贝尔奖得主、心理学家、经济学家丹尼尔·卡尼曼（Daniel Kahneman）所指出的那样，人类有一种"几乎无限的能力来忽略我们的无知"，采取认知上的捷径，导致可预见的非理性行为。

∴ 慢慢致富 ∴

> 什么也不做是世上最难的事情。
>
> ——王尔德

由于这些原因，价值投资者认为与"市场先生"一起投资并不可取，而是应该坐在他的对面，等待一个根本无法拒绝的报价。这种立场需要极大的耐心和刚毅——正如巴菲特指出的那样：

> 虽然市场通常是理性的，但它们偶尔也会做出疯狂的事情。抓住当时的机会并不需要多大的智慧，不需要取得经济学学位，也不需要熟悉华尔街的术语，如阿尔法系数和贝塔系数。投资者当时需要的是一种能力，既要无视大众的恐惧或热情，又要关注一些简单的基本面。投资者愿意在一个持续的时期内让别人觉得缺乏想象力——或者甚至让别人觉得很愚蠢——也是至关重要的。

凯恩斯作为国王学院——在哥伦布登陆美洲大陆之前就

已创立的——终极长期投资者的合适托管人，在最初经历了几次失败之后，也在投资游戏中采取了长期的观点。

他意识到，股市就是我们现在所说的"涌现现象"："整体不等于部分之和，小变化会产生大影响，同样的和同类的连续统假设不成立。"在实践中，这意味着股市没有表现出典型的钟形曲线（Bell curve）的平滑对称性，也没有偏离均值的极端"细尾"。相反，股价出现"肥尾"现象，代表离群事件的概率非常高。研究表明，相对较少的几个交易日对股市总回报的贡献是很大的——凯恩斯本人也从中得到了惨痛的教训，即股市可以在瞬间雪崩或飙升，而价值投资者在一个瞬息万变、近乎无摩擦的市场中的优势就是耐心。他意识到，市场效率最终是一个时机问题，从长期来看，称重机终将战胜投票机，或者正如投资者和战略家杰里米·格兰瑟姆（Jeremy Grantham）所指出的那样，"我们等待极端情况发生，并预测它们将再次恢复正常"。

"买入并持有"的长期投资方法，除了让市场有时间重新发挥其称重机而非投票机的作用外，还可以利用复利的巨大累积力量。凯恩斯收藏的艺术品充分证明了长期持有多元化资产的价值创造潜力，他生前花了不到 13000 英镑就购得的收藏品，现在 ❶ 的估值为 7600 万英镑（约 9500 万美元）。凯

---

❶　指本书写作时，估值是按成书时的汇率换算所得。——编者注

恩斯 1918 年在巴黎陈列室运用逆向思维展示出的大胆冒险之举，似乎也应用到了他对其他艺术品的收购中——有几位作者针对凯恩斯的艺术品投资组合表现进行了研究，他们这样写道："他买入的收藏品，用不了多久就表现特别好，这表明凯恩斯能够以非常有吸引力的价格购买到艺术品。"也许更令人吃惊的是，一些根本没有人看得上眼的艺术品，对整个投资组合业绩的贡献竟然完全不成比例——一件仅以 1.5 英镑收购的物品，2019 年的估值高达 2000 万英镑（约 2500 万美元）。

❖ 大街上的羊群 ❖

> 我们原地不动的行为反映了我们的观点：股市是一个将财富从那些不断折腾的人重新分配到耐心人士的地方。
>
> **——巴菲特 1991 年致伯克希尔·哈撒韦公司股东信**

就像在艺术界一样，在股市领域亦是如此——少数几只证券的回报在整体回报中占了很高的比例。研究表明，发达国家股市的全部收益通常只是由少数证券贡献的。例如，金融学者亨德里克·贝塞姆宾德（Hendrik Bessembinder）发现，从 1926—2015 年的 90 年间，全部美国市场的净收益竟然只是由 4% 的股票贡献的。要想在股市干草堆中找到这些针，最好的方法是靠特定投资者对市场的了解和风险偏好。对于那些拥有必要的专业知识、气质和时间跨度的人来说，按照凯恩斯和巴菲特的方式，通过"重仓买入"极有可能成为"宠儿"的股票，形成一个集中投资组合，不失为一个明智的策略。

　　然而，凯恩斯也承认，充分进行多样化投资的策略——"将自己的投资尽可能分散到各个领域"——对于一个缺乏股市专门知识的人来说，真的是最好的行动方案。巴菲特也同样鼓励不成熟的投资者，定期将资金投入模拟大盘表现的指数基金中去。在写给伯克希尔·哈撒韦公司股东的一封信中，巴菲特这样解释道：

　　　　非专业人士的目标不应该是挑选到最牛的股票……而是应该投资跨行业的投资组合，这些股票合起来就能够获得高收益……最危险的是胆小的或新手的投资者在市场极度繁荣的时候入场，然后看到账面亏损了才幡然醒悟……解决这类错时交易的方法是，投资者可以长期持有股票，永远不要在市场出现负面消息以及股价远低于高点的时候卖出。

凯恩斯和巴菲特都是坚定的乐观主义者，他们认为整体的经济增长最终将反映到股价的上涨上，而普通投资者可以通过广泛的投资网从这种动态变化中受益。

普通投资者想要寻求更有针对性的投资敞口的话，另一条途径是将决策权交给别人。半个多世纪以来，伯克希尔·哈撒韦公司的股东一直是这么做的，他们支持巴菲特和芒格的投资智慧，而其他投资者可能会选择一个积极的、自下而上的经理来管理他们的投资。凯恩斯之所以成为国王学院捐赠基金的一个非常成功的管理者，主要是因为国王学院的投资委员会不受近期价格波动的影响，并对凯恩斯赋予自主权，使之执行高度集中化的逆向投资策略。不幸的是，对今天的投资者来说，行为金融学专家证实了凯恩斯的哀叹："常规方式的失败比非常规方式的成功更有利于声誉。"丹尼尔·卡尼曼指出，作为他人代理人的决策者，如财务顾问，"希望他们的决定能在事后得到严格审查……（因此）被迫采取官僚主义的解决方案，且极不愿意承担风险"。大型基金经理可能会受到某种形式的"理性胡闹"（rational irrationality）的驱使，他们希望紧跟羊群，以减少相较同行而言表现不佳的风险。只有那些与生俱来的逆向思维者，在别人反对的时候轻松地表示支持，在正确组织结构的支持下，才有可能从投资大军中脱颖而出。

在管理国王学院的捐赠基金时，凯恩斯是最早极其喜欢当时刚刚出现的股票资产类别的机构管理者之一——切斯特基金投资组合在 20 世纪 20 年代的平均股票权重为 75%，20 世纪 30 年代为 57%，20 世纪 40 年代为 73%，远远超过了其他捐赠基金的平均股票权重。剑桥大学和牛津大学的许多其他学院直到第二次世界大战后才开始涉足股票投资，即使是更具创新性的美国大学投资组合，到 20 世纪 40 年代对股票的配置也普遍不到 20%。凯恩斯认为，股票代表了"活生生的大规模商业和投资世界"，这种说法在他那个时代基本上是正确的。然而，在当今时代，股市已经不太能代表整体的经济。有鉴于此，凯恩斯——一位不折不扣的投资先驱——无疑会鼓励投资者对替代资产类别进行多元化投资。

❖ 轮子转动 ❖

> 在华盛顿，哈利法克斯勋爵（Lord Halifax）
>
> 对着凯恩斯勋爵低声耳语：
>
> "没错，他们拥有所有的钱袋。
>
> 但我们有所有的脑袋。"
>
> **——在英国贷款谈判小组中传阅的纸条**

1940 年夏天，对凯恩斯来说，时间的车轮似乎在全速旋转着。前一年英国已对德国宣战，凯恩斯再次回到了财政部。1942 年 7 月，他对一位美国银行家哀叹道："我又回到了这里，就像一个循环小数，在同一个地方，为了类似的紧急情况做着非常类似的工作。"这次与美国进行贷款谈判的任务落到了凯恩斯的头上——财政大臣赋予他"某种自由旅行权"。这个典型的英国人，一个拥有巨大独立财富的人，被派往华盛顿，代表他的国家与美国谈判。

尽管身体抱恙，但凯恩斯还是充满活力地履行了这些新职责。陪同凯恩斯到美国参加贷款谈判的经济学家莱昂内尔·罗宾斯（Lionel Robbins），对凯恩斯最初的表现感到眼花缭乱：

> ……凯恩斯一定是有史以来最杰出的人之一——敏捷的逻辑、迅捷的直觉、生动的想象、开阔的视野，最重要的是遣词造句恰如其分，有种无与伦比的感觉，所有这些合在一起，使凯恩斯比普通人成就的极限不知要超出几个等级……当这位来客陈述事实的时候，他浑身上下散发出金色光环，美国人坐在那里，听得出了神。

然而，凯恩斯感到越来越沮丧，因为他觉得美国试图强加给英国的条件实在是太苛刻了。

凯恩斯这样说起一位驻美国的财政部同事，"他可以用几种语言保持沉默"。这位同事虽口才流利、精通多种语言，但始终一言不发，凯恩斯虽对该同事的这种行为表示钦佩，但他本人可没有这种外交上的矜持。他与美国人的争论变得越来越激烈。詹姆斯·米德后来指出，凯恩斯和哈里·德克斯特·怀特（Harry Dexter White）作为国际货币基金组织和世界银行的共同缔造者，会"在刺耳的不和谐二重奏中互相攻击，此后双方的谩骂声音越来越大，最后只能在一片混乱中休会"。

第二次世界大战后，如果说凯恩斯的任务有什么变化的话，那就是变得更加艰难了。1945 年 7 月，英国工党出人意料地以压倒性优势战胜了英国"斗牛犬"丘吉尔。是否向英国新成立的社会党政府提供贷款，美国在谨慎地思考着。在这种压力下，凯恩斯报告说他的身体出现了"垮掉的不祥迹象"。他的身体非常虚弱，事实上，早在 1944 年中期，一些德国报纸得知他心脏病再次发作的消息后，就刊登了他的讣告。与马克·吐温的情况一样，关于凯恩斯死亡的报道是严重夸大的。但是，在六次前往美国进行贷款谈判和制定一个全新的全球货币体系结构后，凯恩斯累得筋疲力尽，身体受到了致命的打击。他所倡导的国际货币体系，他的理论所创造的全球经济繁荣，甚至他谈判的挽救英国的贷款分期付款方案，他都无法亲眼看到了。

❖ 入土为安 ❖

> 恐惧和猜疑充斥着我们的内心，我们就像是疑病症的患者一般，对任何事都畏首畏尾，缩在家里不敢出头。但是，我们可不是踉跄着走向坟墓之人。我们是心智健全、精力充沛的上帝宠儿。我们需要生命活力的勃发。我们对一切都毫无畏惧。与他们所告诉我们的正好相反，未来的前途为我们准备的是更多的财富和经济上的自由，以及更多的个人生活上的可能性，这些都是过去所未曾提供过的。❶
>
> ——凯恩斯，《劝说集》

　　1946 年 5 月 2 日，凯恩斯的追悼会在威斯敏斯特教堂（Westminster Abbey）旧英格兰陵墓前举行。除了莉迪娅和凯恩斯的直系亲属外，参加仪式的还有凯恩斯在世时接触到的许多不同领域的代表——首相、英格兰银行董事、伊顿公学和国王学院的校长和同事、艺术委员会的同事、校友以及布鲁姆斯伯里派尚在人世的成员。为了防止出现"金融里的敦刻尔克"，同时也为了建立一个全新的全球货币体系，凯恩斯

---

❶ 引自李井奎在《劝说集》中的译文。——译者注

频频远赴美国，终因殚精竭虑、积劳成疾，于 1946 年 4 月 21
日去世。诚如莱昂内尔·罗宾斯所言，凯恩斯"无疑像战场
上的士兵一样为事业而牺牲"。

凯恩斯从一个不谙世故的美学家变成一位富翁、勋爵、
投资公司的发起人和国家的使者。他年轻时体验过爱德华七
世时代无忧无虑的生活，在许多方面，凯恩斯的人生历程可
以看作是为了重温那种美好生活所付出的努力。凯恩斯从未
失去乐观主义精神，以及对社会完美性的信念。他曾宣称：
"进步是一个被玷污了的信条，被煤尘和火药染黑，但我们并
没有抛弃它。"凯恩斯在公共领域付出的努力是为了解决经济
问题，使人类能够"明智地、愉快地、舒适地生活"。在个人
领域，他赚钱也是为了达到同样的目的——作为确保幸福生
活条件的一种手段，仅此而已。

凯恩斯大体上实现了他所宣扬的一切。他给动荡的时代
带来了信心和活力，他在我们特别感兴趣的领域向我们演示，
投资者要拥抱不确定性，而不是被它吓倒。曾在战争期间与凯
恩斯一起在国王学院担任防空队员的哈耶克写道，凯恩斯"是
我所认识的一个真正伟大的人"——他作为投资者取得的成功，
在他丰富的人生阅历中根本不值一提。他一生中唯一的遗憾是
什么呢？有人说，在生命的最后阶段，凯恩斯在盘点他的成就
和失望时，不无伤感地说道："我真希望我多喝些香槟。"

参考文献

In the notes that follow, *CW* refers to *The Collected Writings of John Maynard Keynes* (variously edited by Donald Moggridge and Elizabeth Johnson), published in thirty volumes between 1971 and 1989 by Palgrave Macmillan for the Royal Economic Society. Catalog references are those of the Archive Centre, King's College, Cambridge, which holds the economic and personal papers of John Maynard Keynes.

序言

The patient needs exercise Keynes, J. M., "The Problem of Unemployment— Part II," *The Listener*, January 14, 1931. In a BBC radio broadcast, Keynes asserted: "The patient does not need rest. He needs exercise."

so highly regarded by the City Davenport, J., "Baron Keynes of Tilton," *Fortune*, May 1944.

the inhabitant of London Keynes,J.M.,*The Economic Consequences of the Peace* (*Collected Writings of John Maynard Keynes* [hereafter *CW*],*Vol. II*), Macmillan, 1919 (1971), p. 6.

the financial concerns Letter from J. M. Keynes to the journalist John Davenport, March 21, 1944 (Catalog reference:JMK/A/44/37).

brilliance as a practicing investor Buffett,W.,1991 Chairman's Letter to the shareholders of Berkshire Hathaway Inc., February 28, 1992.

exciting literature out of finance Letter from Lord Beaverbrook to J. M. Keynes, April 18, 1945 (quoted in R. Skidelsky, *John Maynard Keynes:*

Fighting for Britain 1937–1946 (Volume 3), Macmillan, London, 2000, p. 388).

Practical men, who believe themselves Keynes,J.M.,*The General Theory of Employment, Interest and Money* (*CW, Vol.VII*), 1936, p. 383.

row out over that great ocean Strachey,L., *Eminent Victorians*, Chatto & Windus, London, 1918, p. 7.

第 1 章　使徒社的梅纳德

As bursar of his own college Obituary published in the *Manchester Guardian*, April 22, 1946.

such was his influence in the City Davenport, N., *Memoirs of a City Radical*, Weidenfeld & Nicolson, London, 1974, p. 49.

live wisely and agreeably and well Keynes,J.M.,"Economic Possibilities for Our Grandchildren,"*Essays in Persuasion* (*CW, Vol. IX*), Macmillan, London, 1930 (1972),p. 328.

a means to the enjoyment Ibid.

I should like in certain things Quoted in D. Moggridge, *Maynard Keynes: An Economist's Biography*, Routledge, London, 1992, p. 35.

his hands certainly looked J. M. Keynes, quoted in R. F. Harrod, *The Life of John Maynard Keynes*, Macmillan, London, 1951, p. 19.

dull and soporiferous beyond words J. M. Keynes, quoted in Moggridge, *Maynard Keynes: An Economist's Biography*, p. 35.

the comparative lengths J. M. Keynes, quoted in Harrod, *The Life of John Maynard Keynes*, p. 29.

I've had a good look round J. M. Keynes, quoted in C. R. Fay, "The Undergraduate," in Keynes,Milo (ed.), *Essays on John Maynard Keynes*,

Cambridge University Press, Cambridge, 1975, p. 38.

The New Testament is a handbook Keynes,J.M.,"My Early Beliefs," *Two Memoirs (CW, Vol. X)*, 1933 (1972), p. 444.

By far the most valuable things Moore,G.E.,*Principia Ethica*, Cambridge University Press, Cambridge, 1903, pp. 188–189.

we repudiated entirely customary morals Keynes, J. M., "My Early Beliefs," *Two Memoirs*, p. 446.

water-spiders, gracefully skimming Ibid., p. 450.

a metaphysical justification Beatrice Webb, quoted in G. Himmelfarb, "From Clapham to Bloomsbury: A Genealogy of Morals," *Commentary*, February 1985.

I trust your future career Alfred Marshall, quoted in A. Robinson, "John Maynard Keynes: 1883–1946," *Economic Journal*, Vol. 57, No. 275, March 1947, p. 12.

the examiners presumably knew Ibid.

We found ourselves living Woolf,L.,*Sowing: An Autobiography of the Years 1880 to 1904*, Hogarth Press, London, 1960, pp. 160–161.

a gorged seal Woolf,V., *The Diary of Virginia Woolf: Volume 2, 1920–24*, Penguin, London, 1978 (1981), p. 69.

the usual round-up of rootless intellectuals Buchan,J.,*The Island of Sheep*, Wordsworth Editions, Hertfordshire, 1936 (1998), p. 80.

Robert Skidelsky (*John Maynard Keynes: Fighting for Britain 1937–1946* (Volume 3), p.19) notes that the character Joseph Bannatyne Barralty—"half adventurer, half squire"—in *The Island of Sheep* is a thinly disguised portrait of Keynes.In this novel, published the same year as *The General Theory*, Buchan derides Barralty as "the patron of every new fad in painting and sculpting and writing" and refers to Bloomsbury parties where Barralty "was a king among the half-baked." Buchan even furnishes Barralty with a "particular friend"—a "lovely creature" and actress calling herself "Lydia Ludlow." The narrator in *The Island of Sheep* ventures a rationale for Barralty's desire for wealth:"He must have money, great quantities of money, so that he can prove to the world that a fastidious and cynical intellectual can beat the philistines at their own game."

a thesis on mathematics Obituary published in the *Daily Express*, April 22, 1946.

What are you? Letter from David Garnett to J. M. Keynes, undated (Catalog reference: JMK/PP/45/116/4 and 5).

I should try and come between them Lytton Strachey, quoted in M. Holroyd, *Lytton Strachey: A Biography*, Penguin, London, 1971, p. 629.

absolutely and completely desolated Letter from J. M. Keynes to Lytton Strachey, November 27, 1914 (quoted in Harrod, *The Life of John Maynard Keynes*, p. 200).

a terrible impression for his rudeness Letter from Basil Blackett to Granville Hamilton, January 1, 1918 (quoted in J. M. Keynes, *The Treasury and Versailles* (*CW, Vol. XVI*), p. 264).

This morning we got a visit Spring-Rice, C., Papers, Churchill College, Cambridge (quoted in R. Skidelsky, *John Maynard Keynes: Fighting for Britain 1937–1946* (Volume 3), p. 207).

upon there being no causes Lloyd George, D., "Fontainebleu Memorandum," March 25, 1919.

make compensation for all damage Article 232,Treaty of Versailles, June 28, 1919.

The future life of Europe Keynes,J.M.,*The Economic Consequences of the Peace*, p.35.

blind and deaf Don Quixote Ibid., p.26.

like Odysseus Ibid., p.25.

one illusion—France Ibid., p.20.

this goat-footed bard Keynes, J. M., "Mr. Lloyd George: A Fragment," *Essays in Biography* (*CW, Vol. X*), 1933, p. 23.

If we aim deliberately Keynes,J. M., *The Economic Consequences of the Peace*, p.170.

I woke up like Byron J. M. Keynes, quoted in J. Davenport, "Baron Keynes of Tilton," *Fortune*, May 1944.

Some of this financial decision-making Hession,C., *John Maynard Keynes*, Macmillan, NewYork, 1984, p. 175.

第 2 章　公民凯恩斯

dashed at conclusions with acrobatic ease Lloyd George,D.,*War Memoirs, Volume II*, Ivor Nicholson & Watson, London, 1933, p. 684.

the arts of enjoyment Keynes,J.M.,*The Economic Consequences of the Peace*, p. 12.

were much in excess Keynes,J.M.,Presidential addressto the Society of Apostles,June 21, 1921 (Catalog reference:JMK/66/UA/36).

the stir and bustle of the world Ibid.

The love of money as a possession Keynes,J.M.,"Economic Possibilities for Our Grandchildren," *Essays in Persuasion*, p. 329.

the enjoyments and realities of life Ibid.

Maynard, who at Cambridge Bell, C., *Old Friends: Personal Recollections*, Chatto & Windus, London, 1956, pp. 44–45.

Money is a funny thing Letter from J. M. Keynes to Florence Keynes, September 23, 1919 (Catalog reference: JMK/PP/45/168/10/17).

would not look after any private client Davenport,N.,*Memoirs of a City Radical*, p.44.

will shock father Letter from J. M. Keynes to Florence Keynes, September 3, 1919 (*CW, Vol. XVII*, p.125).

slaughter of a large part of our holdings Letter from J. M. Keynesto Vanessa Bell, May 22,1920 (Catalog reference: CHA/1/341/3/2).

It has been a beastly time Ibid.

It was perhaps necessary Letter from Florence Keynesto J.M. Keynes, June 1, 1920 (Catalog reference: JMK/PP/45/168/10/38-9).

quite exhausted my resources Letter from J. M. Keynes to Sir Ernest Cassel, May 26, 1920 (*CW, Vol. XII*,p. 7).

an unequalled opportunity for speculation Ibid.

very substantial profits Ibid.

You must come and see Lady B's ovary Recounted in Davenport, N., *Memoirs of a City Radical*, p. 47.

deafened by the clamorous voices Keynes,J.M.,*The Economic Consequences of Mr. Churchill* (*CW, Vol. IX*), 1925 (1981), p. 212.

To debate monetary reform Letter from J. M. Keynes to *The Times*, March 28, 1925 (*CW, Vol. XIX*, pp. 348–349).

Well-managed industrial companies Keynes,J.M., "An American Study of Shares Versus Bonds as Permanent Investments," *The Nation and*

Athenaeum, May 2, 1925 (*CW, Vol. XII*, p. 250).

the dizzy virtues of compound interest Keynes, J. M., *The Economic Consequences of the Peace*, p.13.

gold fetters Keynes, J. M., "The End of the Gold Standard," *Sunday Express*, September 27, 1931 (*CW, Vol. XI*, p. 245).

high tide of prosperity Keynes, J. M., transcript of CBS broadcast, April 12, 1931 (*CW, Vol. XX*, p. 517).

the most expensive orgy in history Fitzgerald, F.S.,"Echoes of the Jazz Age," *Scribner's Magazine*, Vol. XC, No. 5, 1931, p. 182.

I always regard a visit Letter from J.M.Keynesto P.A.S.Hadley, September 10, 1941 (Catalog reference: JMK/PP/80/9/28).

第 3 章　叫停、传物和占位

No Congress of the United States President Calvin Coolidge, State of the Union Address, December 4,1928.

You could talk about Prohibition Brooks,J., *Once in Golconda*, Allworth Press, NewYork, 1969 (1997), p. 82.

the consensus of judgment of the millions Lawrence,J.S., *Wall Street and Washington*, Princeton University Press, Princeton, 1929, p. 179.

In an efficient market Fama, E., "Random Walks in Stock Market Prices,"*Financial Analysts Journal*,Vol.21,No.5,September–October 1965, p.56.

Independence is important Surowiecki, J., *The Wisdom of Crowds*, Doubleday, New York, 2004, p. 41.

If intelligent people Paul Samuelson, quoted in B.Malkiel,*A Walk Down Wall Street*, Norton, NewYork, 2003, pp. 196–197.

accepted a description of his functions Eady,W.,"Maynard Keynes at the Treasury," *The Listener*,June 7, 1951, p. 920.

a peculiar zest in making money quickly Keynes,J.M.,*The General Theory of Employment, Interest and Money (CW, Vol.VII)*, 1936, p. 157.

There is nothing so disturbing Kindleberger, C., *Manias, Panics, and Crashes: A History of Financial Crises*, John Wiley & Sons, New York, 2000, p.15.

The few quiet men Smiles, S., *The Life of George Stephenson*, John Murray, London, 1881, p. 172.

Some artifact or some development Galbraith, J. K., *A Short History of Financial Euphoria*, Penguin Books, New York, 1993, pp. 2–3.

most of these persons Keynes,J.M., *The General Theory of Employment, Interest and Money*, pp.154–155.

to outwit the crowd Ibid., p. 155.

a game of Snap, of Old Maid Ibid., pp. 155–156.

it may often profit the wisest Keynes,J.M.,*A Treatise on Money—Volume 2:The Applied Theory of Money (CW, Vol.VI)*,1930 (1971),pp.323–324.

means in practice selling Letter from J. M. Keynes to R. F. Kahn, May 5, 1938 (*CW, Vol. XII*, p. 100).

a general systematic movement Memorandum from J. M. Keynes to the Estates Committee, King's College, Cambridge, May 8, 1938 (*CW, Vol. XII*, p. 106).

those newspaper competitions Keynes, J. M., *The General Theory of Employment, Interest and Money*, p. 156.

I want to manage a railway Letter from J. M. Keynes to Lytton Strachey,

November 15, 1905 (Catalogue reference: JMK/PP/45/316/5).

like a weather-vane Cited in Chancellor, E., *Devil Take the Hindmost*, Macmillan, London, 2000, p. 200.

第4章 大清算

Sooner or later a crash is coming Babson,R.,*The Commercial and Financial Chronicle*,September 7,1929 (cited in Galbraith,J.K.,*The Great Crash 1929*, Penguin, Middlesex, 1961, p. 108).

Stock prices have reached For an entertaining account of Irving Fisher's disastrous prognoses, see John Kenneth Galbraith's *The Great Crash 1929*, p. 95, p. 116, and p. 119.

for the immediate future at least Fisher,I., *The Stock Market Crash—and After*, Macmillan, NewYork, 1930, p. 269.

financial storm [has] definitely passed Cablegram from Bernard Baruch to Winston Churchill, November 15, 1929 (quoted in J. Grant, *Bernard M. Baruch: The Adventures of a Wall Street Legend*,JohnWiley & Sons, NewYork, 1997, p. 227).

commodity prices will recover Keynes,J.M.,"A British View of the Wall Street Slump," *The New York Evening Post*, October 25, 1929 (*CW, Vol. XX*,p. 2).

The fact is—a fact not yet recognized Keynes,J.M., *The Nation*,May 10, 1930.

Some twenty-four thousand families Heilbroner,R.L.,*The Worldly Philosophers: the Great Economic Thinkers*, Allen Lane,London,1969,p.242
Activity and boldness and enterprise Keynes, J. M., "The Problem of Unemployment—Part II," *The Listener*, January 14, 1931.

purge the rottenness out of the system Andrew Mellon, quoted in H.

Hoover, *The Memoirs of Herbert Hoover: The Great Depression 1929–1941*, Hollis and Carter, London, 1953, p. 30.

an inevitable and a desirable nemesis Keynes, J. M., "An Economic Analysis of Unemployment," notes for the Harris Foundation lecture, Chicago,June 1931 (*CW, Vol. XIII*, p. 349).

the existing economic system Keynes, J. M., "Poverty in Plenty: Is the Economic System Self-Adjusting?,"*The Listener*,November 21, 1934 (*CW, Vol. XIII*, pp. 486–487).

The modern capitalist Keynes, J. M., "The World's Economic Outlook," *Atlantic Monthly*, May 1932.

a thin and precarious crust Keynes, J. M., "My Early Beliefs," *Two Memoirs*, p. 447.

matters take their natural course In response to a suggestion by Sir Harry Goschen, Chairman of the National Provincial Bank, that the Government should let "matters take their natural course," Keynes replied tartly: "Is it more appropriate to smile or to rage at these art- less sentiments? Best of all, perhaps, just to leave Sir Harry to take his natural course." (Keynes,J. M.,"Speeches of the Bank Chairmen," *Nation and Athenaeum*, February 23, 1924 (*CW, Vol. IX*, p. 189)).

the enormous anomaly of unemployment Keynes, J. M., "Economic Possibilities for Our Grandchildren,"*Essays in Persuasion*, p.322.

第5章 引起骚动

out of the tunnel of economic necessity Keynes, J. M., "Economic Possibilities for Our Grandchildren,"*Essays in Persuasion*, p.331.

as humble, competent people Ibid.,p.332.

We shall be able to rid ourselves Ibid., p.329.

avarice and usury and precaution Ibid., p. 331.

wisely managed, [capitalism] can Keynes, J. M., "The End of Laissez-Faire" (1926), *Essays in Persuasion*, p. 294.

Modern capitalism is absolutely irreligious Keynes, J.M., "A Short View of Russia" (1925), *Essays in Persuasion*, p. 267.

deliver the goods In a June 1933 article in the *Yale Review*, Keynes noted that:

"The decadent international but individualistic capitalism in the hands of which we found ourselves after the war is not a success. It is not intelligent. It is not beautiful. It is not just. It is not virtuous. And it doesn't deliver the goods." (Keynes, J. M., "National Self-Sufficiency," *Yale Review*, Vol. 22, No. 4, June 1933).

on a variety of politico-economic experiments Keynes, J. M., "National Self-Sufficiency," *Yale Review*, Vol. 22, No. 4, June 1933, p. 761.

The money changers have fled President Franklin D. Roosevelt, Inaugural Address, March 4, 1933.

complicated hocus-pocus J. M. Keynes, quoted in M. Straight, *After Long Silence*, Collins, London, 1983, p. 67.

as if it were a detective story Ibid.

was to save the country from me, not to embrace me Mosley, O., *My Life*, Thomas Nelson & Sons, London, 1968, p. 247.

What is prudence in the conduct Smith, A., *An Enquiry into the Nature and Causes of the Wealth of Nations*, William Pickering, London, 1805 (1995), p.191.

not merely inexpedient, but impious Keynes, J. M., "The End of Laissez-Faire," *Essays in Persuasion*, p. 276.

tacit assumptions are seldom Keynes, J. M., *The General Theory of Employment, Interest and Money*, p. 378.

I am afraid of "principle" J. M. Keynes, quoted in D. Moggridge, *The Return to Gold*, Cambridge University Press, Cambridge, 1969, p.90.

has ruled over us rather by hereditary right Keynes, J. M., "The End of Laissez-Faire," *Essays in Persuasion*, p. 287.

timidities and mental confusions Keynes, J.M., "How to Organize a Wave of Prosperity," *The Evening Standard*, July 31, 1928 (*CW, Vol. XIX*, pp.761–766).

When we have unemployed men Ibid.

We are at one of those uncommon junctures Keynes, J. M., "Poverty in Plenty: Is the Economic System Self-Adjusting?," *The Listener*, November 21, 1934 (*CW, Vol. XIII*, p. 492).

There is no reason why we should not Keynes, J.M., "Can Lloyd George Do It?" (1929), *Essays in Persuasion*, p. 125.

Euclidean geometers in a non-Euclidean world Keynes, J.M., *The General Theory of Employment, Interest and Money*, p. 16.

largely revolutionize . . . the way Letter from J. M. Keynes to George Bernard Shaw, January 1, 1935 (Catalog reference:JMK/PP/45/291/16; also *CW, Vol. XIII*, pp. 492–493).

vain and insatiable desires Smith, A., *The Theory of Moral Sentiments*, Cambridge University Press, Cambridge, 1759 (2002), p. 215.

Keynes and all his school Letter from Russell Leffingwell to Walter Lippmann, December 30, 1931 (quoted in R.Skidelsky, *John Maynard Keynes: The Economist as Savior 1920–1937* (Volume 2), Macmillan, London, 1992, pp. 398–399).

none of the wheels of trade Hume, D., "Of Money", reprinted in *Essays: Moral, Political and Literary*, Cosimo Classics, New York, 1754 (2006), p. 289.

above all, a subtle device for linking Keynes,J.M.,*The General Theory of Employment, Interest and Money*, p. 294.

our desire to hold Money Keynes, J. M., "The General Theory of Employment," *The Quarterly Journal of Economics*, Vol. 51, No. 2, February 1937, p. 216 (see also *CW, Vol. XIV*, p. 116).

enterprise will fade and die Keynes, J. M., *The General Theory of Employment, Interest and Money*, p. 162.

we are suffering from the growing pains Keynes,J. M., "The Problem of Unemployment," BBC symposium, January 12, 1931 (Catalog reference: JMK/BR/1/121).

The important thing for government Keynes,J.M.,"The End of Laissez-Faire," *Essays in Persuasion*, p. 291.

a farrago of confused sophistication Letterfrom Hubert Henderson to Roy Harrod,April2,1936(quoted in D.Besomi(ed.),*The Collected Interwar Papers and Correspondence of Roy Harrod, Volume II: Correspondence, 1936–39*, Edward Elgar Publishing,Cheltenham, p. 540).

We have watched an artist firing arrows Pigou, A., "Mr. J. M. Keynes' General Theory of Employment, Interest and Money," *Economica*, Vol. 3, No. 10, May 1936, p. 132.

the pessimism of the reactionaries Keynes,J.M.,"Economic Possibilities for Our Grandchildren," *Essays in Persuasion*, p. 322.

moderately conservative in its implications Keynes, J. M., *The General Theory of Employment, Interest and Money*, p. 377.

our central controls succeed Ibid., p. 378.

We are all Keynesians now Milton Friedman, quoted in "We Are All Keynesians Now," *Time*, December 31, 1965.

第 6 章 动物精神

Nature and Nature's laws Alexander Pope, "Epitaph for Sir Isaac Newton" (1727).

the grand secret of the whole Machine John Arbuthnot, *An Essay on the Usefulness of Mathematical Learning* (1745).

chemical experiments... aimed at something Letter from Humphrey Newton to John Conduitt, January 17, 1727 (quoted in J. M. Keynes, "Bernard Shaw and Isaac Newton," *Essays in Biography*, p. 377).

whim or sentiment or chance Keynes, J. M., *The General Theory of Employment, Interest and Money*, p. 163.

purely irrational waves of optimism or depression Keynes, J. M., "Great Britain's Foreign Investments," *New Quarterly*, February 1910 (*CW, Vol. XV*, p. 46).

one foot in the Middle Ages Keynes,J.M.,"Newton, the Man,"*Essays in Biography*, p.370.

there is no scientific basis Keynes, J. M., "The General Theory of Employment," *Economica*, p. 214 (see also *CW, Vol. XIV*, p. 114).

The outstanding fact is the extreme Keynes, J.M., *The General Theory of Employment, Interest and Money*, pp. 149–150.

Wishes are fathers to thoughts Keynes,J.M.,"An Economic Analysis of Unemployment" (*CW, Vol. XIII*, p. 343).

a good Benthamite calculation Keynes, J. M., "The General Theory of

Employment," *Economica*, p. 214 (see also *CW, Vol. XIV*, p. 114).

we simply do not know Ibid.

the necessity for action and for decision Ibid.

To avoid being in the position of Buridan's ass Letter from J.M. Keynesto Hugh Townsend, December 7, 1938, in *The General Theory and After: A Supplement* (*CW, Vol. XXIX*), p. 294.

spontaneous urge to action rather than inaction Keynes,J.M.,*The General Theory of Employment, Interest and Money*, p. 161.

a large proportion of our positive activities Ibid.

how sensitive—over-sensitive if you like Keynes, J. M., *Treatise on Money—Volume 2*, p. 322.

even though they may be less Keynes, J. M., *The General Theory of Employment, Interest and Money*, p. 148.

the facts of the existing situation Ibid.

the existing state of affairs Ibid., p. 152.

Day-to-day fluctuations Ibid., pp.153–154.

the shares of American companies Ibid., p. 154.

recurrence of a bank-holiday may raise Ibid.

Faced with the perplexities and uncertainties Speech by J. M. Keynes to the Annual Meeting of the National Mutual Life Assurance Society, February 23, 1938 (*CW, Vol. XXI*, p. 445).

all sorts of considerations Keynes, J. M., *The General Theory of Employment, Interest and Money*, p. 152.

made many ruinous investments White, E., *Proust*, Weidenfeld &

Nicolson, London, 1999, pp. 84–85.

investors are unromantically concerned Brealey,R., and Myers,S., *Principles of Corporate Finance*, McGraw-Hill, NewYork,1981, p. 266.

The atomic hypothesis that has worked Keynes, J. M., "Francis Ysidro Edgeworth, 1845–1926," *The Economic Journal*, March 1926 (*CW, Vol. X*, p. 262).

We are faced at every turn Ibid.

I can only say that I was the principal inventor Letter from J.M. Keynes to R. F.Kahn, May 5, 1938 (*CW, Vol. XII*, p. 100).

phenomenal skill to make much out of it Ibid.

I am clear that the idea of wholesale Memorandum from J. M. Keynes to the Estates Committee, King's College, Cambridge, May 5, 1938 (*CW, Vol. XII*,p. 106).

第 7 章　游戏玩家

Nobles, citizens, farmers Mackay, C., *Extraordinary Popular Delusions and the Madness of Crowds*, Wordsworth,Hertfordshire,1841(1995), p.94 .

Page *When it has been weakened by cultivation* Ibid., p. 90.

the organization of investment markets Keynes,J.M.,*The General Theory of Employment, Interest and Money*, p. 158.

so much in the minority Ibid., p.150.

That the sins of the London Stock Exchange Ibid., p. 159.

have no special knowledge Ibid., p.153.

since there will be no strong roots Ibid., p. 154.

a frequent opportunity to the individual Ibid., p. 151.

an abstraction, a name, a symbol Herbert, Z., "The Bitter Smell of Tulips," in *Still Life with a Bridle*, The Ecco Press, Hopewell, New Jersey, 1993, p. 47.

It might have been supposed Keynes, J. M., *The General Theory of Employment, Interest and Money*, p. 154.

it is the long-term investor Ibid., pp. 157–158.

price fluctuations have only one Graham, B., *The Intelligent Investor*, Collins, NewYork, 2003, p. 205.

is very obliging indeed Ibid.

lets his enthusiasm or his fears Ibid.

We've seen oil magnates Rothchild,J.,"How Smart is Warren Buffett?," *Time*, April 3, 1995.

various forms of mass hysteria Warren Buffett, quoted in J.Lowe, *Warren Buffett Speaks*,JohnWiley & Sons, NewYork, 1997, p. 114.

began as a market-timer Buffett,W.,1988Chairman's Letter, February 28, 1989.

the activity of forecasting the psychology Keynes,J. M., *The General Theory of Employment, Interest and Money*, p. 158.

forecasting the prospective yield Ibid.

assumes the ability to pick specialties Letter from J. M. Keynes to R. F.Kahn, May 5, 1938 (*CW, Vol. XII*, pp. 100–101).

demi-semi-official Quoted in Moggridge,*Maynard Keynes: An Economist's Biography*, p.118.

第 8 章　寻找靓股

ventured some of his money Johnson, S., "The Life of Pope," in *Lives of the Poets, Volume III*, John Henry and James Parker, Oxford and London, 1781 (1865),p. 49.

Every mortal that has common sense Sarah, Duchess of Marlborough, quoted in M. Balen, *A Very English Deceit: The Secret History of the South Sea Bubble and the First Great Financial Scandal*, Fourth Estate, London, 2002,p. 119.

almost repellent common sense Chancellor, E., *Devil Take the Hindmost*, Macmillan, London, 2000, p. 80 (n.).

The laws of arithmetic were more reliable Harrod,*The Life of John Maynard Keynes*, p.302.

inordinate thirst of gain that had afflicted Mackay,*Extraordinary Popular Delusions and the Madness of Crowds*, p. 52.

for carrying on an undertaking Ibid., p. 55.

cold and untinctured reason Keynes,J. M.,"Newton, the Man,"*Essays in Biography*, p.363.

unwholesome fermentation Mackay, *Extraordinary Popular Delusions and the Madness of Crowds*, p.71.

the hope of boundless wealth Ibid.

his unusual powers of continuous concentrated introspection Keynes, J. M., "Newton, the Man," *Essays in Biography*, p. 364.

In an efficient market you can trust Brealey and Myers, *Principles of Corporate Finance*, p.264.

With the growing optimism Hoover,*The Memoirs of Herbert Hoover: The*

Great Depression 1929–1941, p.5.

Observing correctly that the market Buffett,W., 1988 Chairman's Letter, February 28, 1989.

when the safety, excellence and cheapness Letter from J. M. Keynes to F. C. Scott, February 6, 1942 (*CW, Vol. XII*, p. 82).

the market is not a weighing machine Graham,B.and Dodd,D., *Security Analysis*, McGraw-Hill, NewYork, 1940 (2005), p. 28.

The market may ignore business success Buffett,W.,1987 Chairman's Letter, February 29,1988.

The fact is that when the perception Bogle,J.,"Don't Count On It! The Perils of Numeracy,"address to Princeton University,October 18, 2002.

For the seriously long-term investor Dimson, E., Marsh, P., and Staunton, M., *ABN Amro Global Investment Returns Yearbook 2005*, p. 36.

Note also that in John Bogle's October 2002 address, referred to above, he provides further evidence to support the argument that markets are efficient in the long run:

"...it is an irrefutable fact that in the long run it is economics that triumphs over emotion. Since 1872, the average annual real stock market return (after inflation but before intermediation costs) has been 6.5%. The *real* investment return generated by dividends and earnings growth has come to 6.6% . . . Speculative return slashed *investment* return by more than one-half during the 1970s and then *tripled*(!) it during the 1980s and 1990s. But measured today, after this year's staggering drop in stock prices, *speculative* return, with a *net* negative annual return of –0.1% during the entire 130-year period, on balance neither contributed to, nor materially detracted from, investment return."

search for discrepancies between Buffett, W., "The Superinvestors of

Graham-and-Doddsville," *Hermes* (magazine of the Columbia Business School), Fall 1984.

My purpose is to buy securities Letter from J. M. Keynes to F. C. Scott, February 6, 1942 (*CW, Vol. XII*, p. 82).

Speculative markets . . . are governed Speech by J. M. Keynes at the Annual Meeting of National Mutual Life Assurance Society,February 23, 1938 (*CW, Vol. XII*, p. 238).

loved a bargain Bell, *Old Friends: Personal Recollections*, p. 52 *eyes gleamed as the bones went round* Virginia Woolf, quoted in R. Skidelsky, *John Maynard Keynes 1883–1946: Economist, Philosopher, Statesman*, Macmillan, London, 2003, p. 362.

intrinsic values . . . enormously in excess Letter from J. M. Keynes to F. C. Scott, April 10, 1940 (*CW, Vol. XII*, p. 77).

It is a much safer and easier way Letter from J.M.Keynesto R.F. Kahn, May 5, 1938 (*CW, Vol. XII*, p. 101). ·

第 9 章 安全第一

where the fall in value Letter from J. M. Keynes to F.C. Scott,June 7, 1938 (*CW, Vol. XII*, p.66).

amalgam of logic and intuition Keynes, J. M., *Essays in Biography*, p. 186, *n.* 2.

in the study of such complex von Hayek, F., "The Pretence of Knowledge," Nobel Prize Lecture, December 11, 1974.

cannot be confirmed by quantitative evidence Ibid.

they thereupon happily proceed Ibid.

When statistics do not seem to Letter from J. M. Keynes to E. Rothbarth,

January 21, 1940 (Catalog reference: JMK/W/4/69).

To the man with only a hammer Charles Munger, quoted in "A Lesson on Elementary Worldly Wisdom As It Relates to Investment Management & Business,"*Outstanding Investor Digest*,May 5, 1995, p.49.

practically everybody (1) overweighs Munger,C.,"Academic Economics: Strengths and Faults After Considering Interdisciplinary Needs," Herb Kay Undergraduate Lecture, University of California, Santa Barbara, October 3, 2003.

It seems that the immature mind Schwed, F., *Where Are the Customers' Yachts?*, John Wiley & Sons, New York, 1940 (1995), p. 19.

peace and comfort of mind require Keynes,J.M.,*The General Theory and After: Part II (CW, Vol. XIV)*, 1937 (1973), p. 124.

institutional investors do not feel Shiller,R.,"Bubbles,Human Judgment and Expert Opinion," Yale International Center for Finance, February 5, 2001.

The combination of precise formulas Graham, *The Intelligent Investor,* pp. 564, 570.

readers limit themselves to issues Graham,*The Intelligent Investor,* p.9.

It's exactly what I would do Buffett, B., transcript of a meeting of the NewYork Society of Financial Analysts, December 6, 1994.

a number that is impossible to pinpoint Buffett, W., 1994 Chairman's Letter, March 7, 1995.

seen dependable calculations Graham,*The Intelligent Investor*,p. 570.

Just as Justice Stewart found it Buffett, W., 1993 Chairman's Letter, March 1, 1994.

for absorbing the effect of miscalculations Graham, *The Intelligent Investor*, p. 518.

To use a homely simile Graham and Dodd, *Security Analysis*, p. 22 *Speculation is an effort, probably unsuccessful* Schwed, *Where Are the Customers' Yachts?*, p. 172.

the thought of ultimate loss Keynes, J. M., *The General Theory of Employment, Interest and Money*, p. 162.

It will be remembered that the seventy Keynes, J. M., Review on "A Method and its Application to Investment Activity," *Economic Journal*, March 1940 (*CW, Vol. XIV*, p. 320).

there is no place where the calculations Walter Bagehot, quoted in J.M. Keynes,"The Works of Bagehot," *The Economic Journal*,Vol.25, No. 19, September 1915, p. 373.

the amount of the risk to any investor Keynes,J.M., "Great Britain's Foreign Investments,"*New Quarterly*,February 1910 (*CW, Vol. XV*, p.46).

there are many individual investments Keynes,J.M., *The General Theory of Employment, Interest and Money*, p. 163.

the more uncertain the future Buffett, W., 2005 Chairman's Letter, February 28, 2006.

See's was ... then annually earning Buffett, W., 2014 Chairman's Letter, February 28, 2015.

Our power of prediction is so slight Keynes, J. M., "The Political Doctrines of Edmund Burke" (1904) (Catalog reference: JMK/ UA/20/14).

demonstrated consistent earning power,Buffett,W.,1982 Chairman's Letter, March 3, 1983.

The key to investing is not assessing Buffett,W.and Loomis,C., "Warren

Buffett on the Stock Market," *Fortune*, December 10, 2001.

Economics is essentially a moral science Letter from J.M.Keynes to Roy Harrod,July 4,1938 (quoted in Besomi,*The Collected Interwar Papers and Correspondence of Roy Harrod, Volume II*, p. 796).

Valuing a business is part art and part science Warren Buffett, quoted in A. Smith, "The Modest Billionaire," *Esquire*, October 1988, p. 103.

You also have to have the knowledge Buffett,W.,"The Superinvestors of Graham-and-Doddsville," *Hermes*, Fall1984.

第 10 章　逆风行事

your existence at the Treasury Letter fromVanessa Bell to J. M. Keynes, March 23, 1918 (quoted in Harrod, *The Life of John Maynard Keynes*, p.226).

all the common-or-garden thoughts MacKenzie, N. and MacKenzie, J. (eds), *The Diary of Beatrice Webb, Volume 4: 1924–1943, The Wheel of Life*, Virago, London, 1985, p. 94.

Those classes of investments Schwed,*Where Are the Customers' Yachts?*,p.102.

The market is fond of making mountains Graham,*The Intelligent Investor*, p. 167.

what we have created at Berkshire Charles Munger, quoted in J. Lowe, *Damn Right! Behind the Scenes with Berkshire Hathaway Billionaire Charlie Munger*,JohnWiley & Sons, NewYork, 2000, p. 162.

What the few bought for the right reason Buffett and Loomis, "Warren Buffett on the Stock Market," *Fortune*, December 10, 2001.

Everybody goes [to the racetrack] and bets Munger, C., "A Lesson on

Elementary Worldly Wisdom As It Relates to Investment Management & Business," *Outstanding Investor Digest*, May 5, 1995, p. 57.

to understand the odds Charles Munger, quoted in "In the Money," *Harvard Law Bulletin*, Summer 2001.

Were it possible for anyone Galbraith,J.K.,*A History of Economics: The Past as Present*, Penguin, London, 1989, p. 4.

The art of investing, if there is such Letter from J. M. Keynes to F. C. Scott, April 1944 (Catalog reference: JMK/PC/1/9/295).

It is because particular individuals Keynes,J. M., "The End of Laissez-Faire," *Essays in Persuasion*, p. 291.

many [investors who expect to be net buyers] Buffett,W.,1990 Chairman's Letter, March 1, 1991.

Very few American investors Letter from J. M. Keynes to F. C. Scott, April 10, 1940 (*CW, Vol. XII*, p. 78).

The odds appear to me slightly *against* Letter from J. M. Keynes to his father, John Neville Keynes, July 28, 1914 (Catalogue reference: JMK/PP/45/168/7/244).

[Berkshire Hathaway] made over half Buffett.W.,transcript of a lecture to Notre Dame faculty, Spring 1991.

the importance of being in businesses Buffett,W.,1977Chairman's Letter, March 14, 1978.

great companies with dominant positions Warren Buffett, quoted in Lowe, *Warren Buffett Speaks*, p. 146.

It is generally a good rule Keynes,J.M.,*The Nation and Athenaeum*,June 2, 1923 (*CW, Vol. XIX*, p. 93).

Over the long term, it's hard Charles Munger, quoted in "A Lesson on Elementary Worldly Wisdom As It Relates to Investment Management& Business,"*Outstanding Investor Digest*,May 5,1995.

ten-year real returns Schiller, R., "Bubbles, Human Judgment, and Expert Opinion," Cowles Foundation Discussion Paper, May 2001.

a strategy of buying extreme losers De Bondt, W., and Thaler, R., "Financial Decision-Making in Markets and Firms: A Behavioural Perspective," in R. Jarrow, V. Maksimovic, and W. Ziemba, *Handbook in Operational Research and Management Science*, Elsevier Science, Amsterdam, 1995, p. 394.

By all means, but timing is important J.M. Keynes, quoted in D. Moggridge (ed.), *Economic Articles and Correspondence: Investment and Editorial* (*CW, Vol. XII*), 1983, p. 50.

now hopelessly out of fashion Letter from J. M. Keynes to F. C. Scott, November 23, 1933 (*CW, Vol. XII*, p. 61).

some of the American preferred stocks Ibid.

In '74 you could have bought Buffett,W.,transcript of lecture to Notre Dame students, 1991.

Fear is the foe of the faddist Buffett, W., 1994 Chairman's Letter, March 7, 1995.

fluttering dovecotes, particularly in the City Obituary published in *The Daily Express*, April 22, 1946.

Tammany Polonius Letter from J. M. Keynes to Sir John Anderson, December 12, 1944 (*CW, Vol. XXIV*,p. 218).

ear [was] so near Ibid., p.204.

the buttocks of a baboon J.M. Keynes, quoted in Moggridge, *Maynard*

Keynes: An Economist's Biography, p. 799.

No wonder that man is a Mormon J. M. Keynes, quoted in Skidelsky, *John Maynard Keynes: Fighting for Britain* (Volume 3), p. 435.

a menace in international negotiations Howson, S., and Moggridge, D. (eds), *The Wartime Diaries of Lionel Robbins and James Meade*, Palgrave Macmillan, Basingstoke, 1990, p. 122.

My central principle of investment Letter from J.M.Keynesto Sir Jasper Ridley, March 1944 (*CW, Vol. XII*,p. 111).

(1) inherently sound and promising, and Graham, *The Intelligent Investor*, p. 31.

extraordinary business franchises with Buffett,W., 1980 Chairman's Letter, February 27, 1981.

第 11 章　保持安静

glorious work of fine intelligence William Wordsworth, "Within King's College Chapel, Cambridge" (1825).

"Be Quiet" is our best motto Memorandum from J. M. Keynes to the National Mutual Life Assurance board, February 18, 1931 (*CW, Vol. XII*, p. 19).

There is no moral difference President Theodore Roosevelt,Annual Message to Congress,January 31, 1908, 42 Congressional Record, p.1349.

it is much better that gambling J. M. Keynes, quoted in the minutes of evidence of the Royal Commission on Lotteries and Betting, December 15, 1932 (*CW, Vol. XXVIII*,p. 406).

the whole of [a nation's] industry Ibid., p. 399.

Where risk is unavoidably present Keynes,J. M., *A Tract on Monetary*

Reform (*CW, Vol. IV*), 1923, p. 136.

proper social purpose is to direct Keynes, J. M., *The General Theory of Employment, Interest and Money*, p. 159.

is largely a matter of A trying to decide Graham and Dodd, *Security Analysis*, p.443.

The social object of skilled investment Keynes,J.M.,*The General Theory of Employment, Interest and Money*, p. 155.

a somewhat comprehensive socialization Ibid., p. 378.

powerful operation of compound interest Keynes,J. M., *The Economic Consequences of the Peace*, p. 126, *n.* 1.

how long will it be found necessary Keynes,J.M.,*Indian Currency and Finance* (*CW, Vol. I*), 1913 (1971), p. 51.

After all one would expect brokers Letter from J. M. Keynes to David Hill, February 1, 1944 (Catalog reference:JMK/PP/45/143/2).

Wall Street is the only place Warren Buffett, quoted in Lowe, *Warren Buffett Speaks*, p.114.

I join John Maynard Keynes Comments by Charlie Munger at the 2005 Berkshire Hathaway Annual Meeting.

Never ask the barber if you need a haircut Warren Buffett, quoted in Lowe, *Warren Buffett Speaks*, p.112.

self-inflicted wounds Buffett,W.,2005Chairman's Letter,February 28, 2006.

hyperactive stock market is the pickpocket Buffett, W., 1983 Chairman's Letter, March 14, 1984.

There are huge *advantages* Munger, C., *Outstanding Investor Digest*,

May 5, 1995.

For investors as a whole Buffett,W.,2005Chairman's Letter, February 28, 2006.

human nature desires quick results Keynes,J. M., *The General Theory of Employment, Interest and Money*, p. 157.

The introduction of a substantial Ibid.,p. 160.

to make the purchase of an investment Ibid.

our 'til-death-do-us-part policy Buffett, W., 1986 Chairman's Letter, February 27, 1987.

determination to have and to hold Buffett,W.,1987 Chairman's Letter, February 29, 1988.

第 12 章　把鸡蛋放在一个篮子里

embark[ing] money and strength Cited in R. Skidelsky, *John Maynard Keynes: Hopes Betrayed, 1883–1920* (*Volume 1*), Macmillan, London, 1983, p.5.

Sorry to have gone too large Letter from J. M. Keynes to F. C. Scott, February 6, 1942 (*CW, Vol. XII*, p. 79).

scattering one's investments Letter from J. M. Keynes to F. C. Scott, February 1945 (Catalog reference: JMK/PC/1/9/366).

Diversification serves as protection Comments by Warren Buffett at the 1996 Berkshire Hathaway Annual Meeting.

it ought to be considered as imprudent Speech by J. M. Keynes at the National Mutual Life Assurance Society annual meeting, January 29, 1923 (*CW, Vol. XII*, p.125).

both own a large number of equities Buffett,W.,1993 Chairman's Letter, March 1, 1994.

it is out of these big units Letter from J. M. Keynes to F.C. Scott, April 10, 1940 (*CW, Vol. XII*, p. 78).

the important thing is that when you do Comments by Warren Buffett at the 1998 Berkshire Hathaway Annual Meeting.

If something is not worth doing at all Buffett,W.,1994Chairman's Letter, March 7, 1995.

I cannot understand why Buffett, W., 1993 Chairman's Letter, March 1,1994.

is an admission of not knowing Loeb, G., *The Battle for Investment Survival*, Wiley, New York, 1935 (1996), p. 119.

Send your grain across the seas Ecclesiastes 11:1–2.

my theory of risk Letter from J. M. Keynes to F. C. Scott, February 1945 (Catalog reference: JMK/PC/1/9/366).

one investment about which Letter from J. M. Keynes to F. C. Scott, February 6, 1942 (*CW, Vol. XII*, p. 81).

I play for small stakes David Ricardo, quoted in P. Sraffa (ed.), *The Works and Correspondence of David Ricardo: Biographical Miscellany, Volume X*, Cambridge University Press, Cambridge, 1955, p. 81.

When you got nothing, you got nothing to lose Bob Dylan, "Like a Rolling Stone," *Highway 61 Revisited*, Copyright © 1965; renewed 1993 Special Rider Music.

both the intensity with which Buffett, W., 1993 Chairman's Letter, March 1, 1994.

false to believe that one Keynes, J. M., "Foreword to *King Street, Cheapside* by G. H. Recknell," (*CW, Vol. XII*), 1936, p. 243.

practical investors usually learn Fisher, P.,*Common Stocks and Uncommon Profits*,JohnWiley & Sons, NewYork, 1958 (1996), p. 117.

there are seldom more than two or three Letter from J. M. Keynes to F. C. Scott, August 15, 1934 (*CW, Vol. XII*, p. 57).

Playing poker in the Army Charles Munger, quoted in Lowe, *Damn Right! Behind the Scenes with Berkshire Hathaway Billionaire Charlie Munger*, p. 36.

To suggest that this investor Buffett, W., 1996 Chairman's Letter, February 28, 1997.

Page [ ] *investors have a tendency to sell assets* see, for example, Kahneman, D., *Thinking, Fast and Slow*, Penguin Books, 2011, p. 344.

the right investment policy for [the Society] Keynes, J. M., quoted in N. Davenport, "Keynes in the City," in *Essays on John Maynard Keynes*, p. 225.

ought not to be carried too far Letter from J. M. Keynes to F. C. Scott, August 15, 1934 (*CW, Vol. XII*, p. 57).

a variety of risks in spite of Memorandum from J. M. Keynes to the Estates Committee, King's College, Cambridge, May 8, 1938 (*CW, Vol. XII*, p. 107).

five to ten sensibly-priced companies Buffett,W.,1993Chairman's Letter, March 1, 1994.

To carry one's eggs in a great Memorandum from J. M. Keynes to the Provincial Insurance Company, March 7, 1938 (*CW, Vol. XII*, p. 99).

As time goes on I get more Letter from J. M. Keynes to F. C. Scott,

August 15, 1934 (*CW, Vol. XII*, p. 57).

第 13 章 分清主次

strenuous purposeful moneymakers Keynes, J. M., "Economic Possibilities for Our Grandchildren," *Essays in Persuasion*, p. 328.

dangerous human proclivities can be canalized Keynes,J. M., *The General Theory of Employment, Interest and Money*, p. 374.

The thing is good as a means Letter from J. M. Keynes to Duncan Grant,January 22, 1909 (see Skidelsky, *John Maynard Keynes: Hopes Betrayed 1883–1920 (Volume 1)*, p.202).

It is not easy, it seems, for men Keynes, J. M., *A Tract on Monetary Reform* (*CW, Vol. IX*, p. 170).

a sound intellectual framework Buffett, W., Preface to Graham, *The Intelligent Investor*, p. ix.

sad lot . . . with drawn, dejected faces Keynes, J. M., "Dr Melchior: A Defeated Enemy," *Two Memoirs*, p.395.

brilliant and engaging personality Speech by J.M.Keynes at the National Mutual Life Assurance Annual Meeting, January 20, 1931 (*CW, Vol. XII*, p.178).

as much equanimity and patience Memorandum from J. M. Keynes to the Estates Committee, King's College, Cambridge, May 8, 1938 (*CW, Vol. XII*, p. 108).

much more willing to run a risk Keynes, J. M., *The General Theory of Employment, Interest and Money*, p. 160.

One must not allow one's attitude Memorandum from J. M. Keynes to the Estates Committee, King's College, Cambridge, May 8, 1938 (*CW, Vol.*

XII,p. 108).

robust faith in the ultimate rightness Letter from F. C. Scott to J. M. Keynes, January 1939 (*CW, Vol. XII*, p. 50).

Games are won by players who focus on Buffett,W.,2013Chairman's Letter, March 28, 2014.

Buying a neglected and therefore Graham, *The Intelligent Investor*, p. 32.

I do not draw from this conclusion Memorandum from J. M. Keynes to the National Mutual Life Assurance board, February 18, 1931 (*CW, Vol. XII*, p. 18).

a certain continuity of policy Letter from J. M. Keynes to F. C. Scott, November 29, 1933 (*CW, Vol. XII*,p. 65).

it seems to me to be most important Letter from J. M. Keynesto F. C. Scott, August 23, 1934 (*CW, Vol. XII*, pp. 58–59).

disposition to own stocks without fretting Comments by Charles Munger at the 2003 Berkshire Hathaway Annual Meeting.

The inactive investor who takes up Keynes, J. M., "Investment Policy for Insurance Companies," *The Nation and Athenaeum*, May 17, 1924 (*CW, Vol. XII*,p. 243).

constant vigilance, constant revision Ibid., p. 244.

The great point about King's Report by Ministry of Agriculture officials, December 18, 1926 (quoted in Moggridge, *Maynard Keynes: An Economist's Biography*, p.411).

I have never known a man so quick Davenport, N., *Memoirs of a City Radical*, p. 50.

You only find out who is swimming Buffett,W.,2001 Chairman's Letter, February 28, 2002.

an investor who proposes Keynes, J. M., *The General Theory of Employment, Interest and Money*, p. 157.

chicken about buying stocks on margin Charles Munger, quoted in R. Lenzner, and D. S. Fondiller, "Meet Charlie Munger," *Forbes*, January 22, 1996.

The ideal is to borrow in a way Ibid.

Investing is not a game where Warren Buffett, quoted in an interview with *Business Week*, June 25, 1999.

good business judgment with an ability Buffett, W., 1987 Chairman's Letter, February 29, 1988.

The overweening conceit which the greater Smith, A., *An Inquiry into the Nature and Causes of the Wealth of Nations*, Volume 1, p.168.

stock doesn't know you own it Lecture by Warren Buffett to the University of Florida School of Business, October 15, 1998.

a great big casino . . . [where] everyone else is boozing Warren Buffett, quoted in an interview with *Forbes*, November 1, 1972.

It is remarkable how much long-term Munger, C., Wesco Financial Corporation Annual Report, 1989.

their brains make them dangerous Quoted in *Fortune* magazine, September1933(cited by Skidelsky, *John Maynard Keynes 1883–1946: Economist, Philosopher, Statesman*, p. 961).

much patience and courage Letter from J.M. Keynes to G. H. Recknell, January 19, 1939 (*CW, Vol. XII*,p.49).

the investor's chief problem Graham, *The Intelligent Investor*, p. 8 *more temperament than logic* Letter from J.M.Keynesto Richard Kahn, May 5, 1938 (*CW, Vol. XII*, p. 100).

第 14 章 事后复盘

Orthodoxy has at last caught up with me Obituary published in *The Daily Express*, April 22, 1946.

partly with a view to comparing Memorandum from J.M. Keynes to the Estates Committee, King's College, Cambridge, May 8, 1938 (*CW, Vol. XII*,p. 102).

whence the satisfactory results came Letter from J. M. Keynes to F. C. Scott, February 6, 1942 (*CW, Vol. XII*, p. 83).

[Mr Market] has incurable emotional problems Buffett, W., 1987 Chairman's Letter, February 29, 1988.

waves of irrational psychology Keynes, J. M., *The General Theory of Employment, Interest and Money*, p. 162.

Up until the 1960s prices were around twice as volatile Haldane, A. "Patience and Finance", Oxford China Business Forum, Beijing, 9 September 2010.

we wait for extreme situations Grantham, J., GMO Investment Letter, July 27, 2009.

the collection has an estimated value of $[ ] million now [details] Chambers, D., Dimson, E. & Spaenjers, C., "Art as an Asset: Evidence from Keynes the Collector", xxx, Volume xx, Number x (2019), pp xxx.

The collection performed especially well shortly after purchase ibid., p[ ].

I believe now that successful investment Memorandum from J.M. Keynes to the Estates Committee, King's College, Cambridge, May 8, 1938 (*CW, Vol. XII*, pp. 106–107).

While at Cambridge University Obituary published in *the New York Times*, April 22, 1946.

It's a little like spending eight years Buffett,W.,transcript of a meeting of the NewYork Society of Financial Analysts, December 6, 1994 *ramify. . . into every corner of our minds* Keynes,J. M., Preface to *The General Theory of Employment, Interest and Money*, p.xxiii.

Ships will sail around the world Buffett, W., "The Superinvestors of Graham-and-Doddsville," *Hermes*, Fall 1984.

I find Governing Bodies meetings Letter from Lord Quickswood, Provost of Eton, to J. M. Keynes, December 17, 1943 (*CW, Vol. XII*, pp. 112–113).

All orthodox suggestions are too expensive Letter from J. M. Keynes to R. E. Marsden, Bursar of Eton, March 8, 1944 (*CW, Vol. XII*, p. 111).

rather in the nature of a family affair Letter from J. M. Keynes to John Davenport, March 21, 1944 (Catalog reference: JMK/A/44/37).

[Keynes] was an extremely active Moggridge, (ed.), *Economic Articles and Correspondence: Investment and Editorial* (*CW, Vol. XII*),1983, p.51.

gave a good thrashing Memorandum from J. M. Keynes to the Provincial Insurance Company, March 7, 1938 (*CW, Vol. XII*, p. 97).

with around 80 percent by value see Chambers, D., Dimson, E. & Foo, J., "Keynes the Stock Market Investor: A Quantitative Analysis", *Journal of Financial and Quantitative Analysis*, Volume 50, Number 4 (2015) which notes that "across the entire period [from 1921 to 1946], 81% by value (and 65% by number) of [Keynes'] year-end personal holdings were also held by King's".

generated disappointing returns in the 1920s Chambers, D. & Dimson, E., "John Maynard Keynes, Investment Innovator", *Journal of Economic Perspectives*, Volume 27, Number 3 (2013), p [ ].

Stock holdings within the Chest Fund were relatively concentrated see Chambers, D. & Dimson, E., "John Maynard Keynes, Investment Innovator", *Journal of Economic Perspectives*, p [ ].

even the more innovative American university portfolios see Chambers, D., Dimson, E. & Foo, J., "Keynes the Stock Market Investor: A Quantitative Analysis", *Journal of Financial and Quantitative Analysis*, Volume 50, Number 4 (2015), pp 431-449 where the authors note [ ].

he valued Austin Motor shares Ibid., p [ ].

The more directly under Keynes' control Skidelsky, *John Maynard Keynes: Fighting for Britain 1937–1946* (Volume 3), p. 524.

Whereas in the 1920s Keynes was generally Moggridge,*Maynard Keynes: An Economist's Biography*, p.585.

the avoidance of "stumers" with which Letter from J. M. Keynes to F. C. Scott, June 7, 1938 (*CW, Vol. XII*, p. 66).

there had scarcely been a single case Letter from J. M. Keynes to F. C. Scott, February 6, 1942 (*CW, Vol. XII*, p. 83).

The really dreadful losses Graham, *The Intelligent Investor,* p. 8. *onearmed contrarian who bought* Skousen,M.,"Keynes as a Speculator: A Critique of Keynesian Investment Theory," in *Dissent on Keynes*, Praeger, NewYork, 1992, p. 166.

One may be, and no doubt is Letter from J. M. Keynes to R. F. Kahn, May 5, 1938 (*CW, Vol. XII*, p. 101).

not merely a maintenance of the present Speech by J. M. Keynes at the Annual Meeting of National Mutual unit holders, February 19, 1936 (*CW, Vol. XXI*, p. 378).

Maynard's judgment would have been Bell,*Old Friends*, pp.45–46 *I made a big mistake in not selling* Buffett,W.,2003 Chairman's Letter, February

27, 2004.

If you stick with stocks that are underpriced Comments by Charles Munger at the 2000 Berkshire Hathaway annual meeting.

第 15 章 总结

Neuroscience demonstrates that we are not [insert notes on John Coates' work].

almost unlimited ability to ignore our ignorance Kahneman, D., *Thinking, Fast and Slow*, Penguin Books, 2011 (p. 201).

Though markets are generally rational Buffett,W.,2017 Chairman's Letter, February 24, 2018.

The collection performed especially well shortly after Chambers, D., Dimson, E. & Spaenjers, C., "Art as an Asset: Evidence from Keynes the Collector", xxx, Volume xx, Number x (2019), pp xxx.

only 4 percent of U.S. stocks accounted for see Bessembinder, H., "Wealth Creation in the U.S. Public Stock Markets 1926 to 2019" [reference].

The goal of the non-professional should not be to pick winners Buffett, W., 2013 Chairman's Letter, February 28, 2014.

expect to have their decisions scrutinized Kahneman, D., *Thinking, Fast and Slow*, Penguin Books, 2011 (p. 204).

even the more innovative American university portfolios see Chambers, D., Dimson, E. & Foo, J., "Keynes the Stock Market Investor: A Quantitative Analysis", [ref].

Well here am I, like a recurring decimal J. M. Keynes, quoted in Skidelsky, *John Maynard Keynes: Fighting for Britain 1937–1946* (Volume 3), p. 135.

a sort of roving commission Ibid.,p. 79.

Keynes must be one of the most Howson and Moggridge (eds), *The Wartime Diaries of Lionel Robbins and James Meade*, pp. 158–159.

he could be silent Keynes, J. M., obituary for Sir Frederick Phillips, August 13, 1943 (*CW, Vol. X*, p. 330).

go for each other in a strident duet Howson and Moggridge (eds), *The Wartime Diaries of Lionel Robbins and James Meade*, p.135 (see also *CW, Vol. XXV*, p.364).

for the cause as certainly Robbins, L., "John Maynard Keynes: Profound Influence on Thought and Policy," *The Times*, January 26, 1951, p. 7.

Progress is a soiled creed Keynes, J. M., "The Underlying Principles," *Manchester Guardian Commercial*,January 4, 1923 (*CW, Vol. XVII*, p. 448).

I wish I had drunk more champagne George Rylands, the British theater director and scholar, recalled that just a few months before he died, Keynes "voiced his one regret that he had not drunk more champagne in his life" (see Keynes, Milo [ed.]), *Essays on John Maynard* Keynes, p. 48.